내가 행복했던 교회로 가주세요

7 JULY

SUNDAY	MONDAY	TUESDAY	WEDNESDAY
		1	2
6	7	8	9
13	14	15	16
20	21	22	23
27	28	29	30

THURSDAY	FRIDAY	SATURDAY
3	4	5
10	11	12
17	18	19
24	25	26
31		

제기역 1번 출구

내가 이생에서 가장 좋아하는 장소를 꼽으라면 우리 교회다. 이생에서 가장 많이 나의 발길이 닿은 곳도 우리 교회다. 가장 많은 시간을 보낸 곳도 우리 교회다. 우리 교회는 제기역 1번 출구에 있다.

그곳은 내가 태어나 스물 몇 살까지 산 나의 고향이기도 하다.

결혼 후, 교회에서 24킬로 떨어진 경기도에서 산 지 삼십 년이 넘도록 수많은 날을 제기역 1번 출구로 들락거렸다. 그렇게 1년에 200일 이상 교회에 갔고 250일 이상 교회에 간 해도 적지 않다. 하루에 한 번만 갔을까? 일주일에 세 번 정도는 하루에 두 번씩 교회를 들락거렸다. 그렇게 많은 시간 교회를 다녔어도 제기역 1번 출구를 향해 지하철 계단을 오를 때부터 가슴이 뛰었다. 우리 교회의 붉은 벽돌이 보이면 나도 모르게 미소가 흘렀다. 그만큼 교회를 좋아했다.

그런데 지금은?

코로나 핑계 대고 교회 가지 않는다. 교회에서 특별 새벽기도회를 해도 양심의 가책 1도 받지 않고 쌩깐다. 부흥성회를 하면 기껏 한두 번 갈까말까 하고 집구석에 편안하게 앉아 유튜브로 보다말다 한다. 새벽부터 날아오는 교회톡이 귀찮다. 당연히 갔던 수요 저녁 예배는 대중기도를 맡은 날만 억지로 가서, 단상 앞에 서서 풀죽은 목소리로 기도하고 내려온다.

코로나 이전에는 좀 나았을까? 그렇다고 말하고 싶지만 실상은 아니다. 코로나 핑계 대기 이전에는 피치 못할 약속이 있다고 핑계 댔고, 일한다고 핑계 댔고, 아프다고 핑계 댔고, 몸이 불편한 남편을 핑계 댔다.

오랜만에 교회에 가면 낯설었다. 설교는 구태의연해 보이고, 예배는 지루했다. 눈 감고 예배당에 앉으면 한숨이 나왔다. 주님... 그것이 기도인지 푸념인지 한숨인지 나도 모르겠다.

코로나 이전의 일이다. 연합 속회 기도를 맡아서 어쩔 수 없이 교회에 가서 대중기도를 하려고 단상에 올랐는데 어머나, 나는 완전 충격이었다. 연합 속회 날이면 원근각처에서 온 속회원들로 꽉 찼던 예배당에 손가락으로 셀 수 있을 정도의 어르신들만 듬성듬성 앉아계셨다. 순간, 눈물이 왈칵 솟았다. 내가 서서히 교회에서 발을 빼던 몇 년 동안 교회가 이렇게 변했구나. 나만 멀어진 게 아니라 다른 교인들도 교회와 멀어지고 있구나. 찜해 놓은 자리를 차지하려고 일찍부터 와서 예배를 기다리던 수많은 교인들은 다 어디로 가셨나. 마당에서 로비에서 지하 가나홀에서 식당에서 떠들썩하게 복작거리며 웃고 떠들고 손잡았던 분들은 다 어디로 가셨을까.

내가 행복했던 교회는 어디로 갔을까?

지난 2007년, 〈어게인 1907〉이라는 캠페인을 벌인 적이 있다. 오래전 평양 대 부흥 운동의 시절처럼 성령의 불이 붓는 시절로 돌아가자는 의미였을 테지만 불행히 그렇게 '어게인'이 오지는 않았다. 아마, 앞으로도 그럴 것이다. 어쩌면 온라인의 활성화가 교회의 부흥에 저해가 되었을지도 모르겠다. 나 역시 신앙 서적과 신학 서적과 각종 인문학에 빠져 살았고, 온라인으로 진행되는 각종 신학 강의와 수많은 설교와 성경 강해에 빠져 살았다. 세계 곳곳의 유명 신학자의 강의까지 일체의 가감 없이 영상을 볼 수 있게 된 것이 한국 교회에 불행일까? 결코 그렇지는 않다고 본다. 부흥을 어떻게 규명하느냐가 관건이겠지만.

신동엽 시인의 「껍데기는 가라」는 시가 있다. 나는 이런 신앙의 지적 공유가 많아진 지금이야말로 껍데기 신자, 껍데기 신앙, 껍데기 교회가 사라지고 그 빈자리에 마음을 다하여 예수의 삶을 따르는 리얼 크리스천들로 채워질 것이라 믿는다. 바알을 섬기지 않은 자 7천 명을 남겨두었듯 말이다.

예수님이 막 한국에서 떠나려고 하신다는 우스갯소리를 들었다. 그 소리를 들은 지도 제법 되었으니 예수님이 한국을 이미 떠나셨는지, 아직 안 떠나시고 공항에서 출국 준비를 하고 계시는지 잘 모르겠다. 예수님만 떠나려고 하실까? 내 주변에도 교회를 떠난 분들이 적지 않다. 그분들을 죽어라 붙잡지 못한 것은 나도 가끔은 교회를 떠나고 싶기 때문이다.

바울이 미친 듯이 선교의 지경을 넓혀갔던 터키 지방의 수많은 교회들이 지금은 몇 개의 돌덩이와 함께 '교회 터'로만 남은 것을 내 눈으로 똑똑하게 보면서 하나님의 교회는 영원하다는 환상을 버렸다.

하지만 하나님은 언제나 회복의 기회를 주신다. 나는 분명히 확신한다. 우리는 그렇게 죽어있는 듯하지만 살아있고, 고요한 듯 보이지만 내면이 활성화되어 있다. 코로나 이후 오히려 활성화된 온라인 소그룹 성경 모임이나 신구약 통독 프로젝트를 봐도 알 수 있다. 하나님은 우리를 일으켜 세우실 것이다. 누가 뭐래도 우리는 예수로 하나 된 믿음의 형제들이니까.

그러던 중 책을 발간해야 할 사정이 생겼다. 한국예술인복지재단에서 창작준비지원금 수혜를 받게 되어 결과물로 책을 제출해야 하는 상황이 되었던 것. 장편소설을 낼까, 소설집을 낼까, 에세이를 낼까 고민하다가 문득 오래전 써놓은 이 원고가 떠올랐다. 하나님이 왜 이런 기회를 주셨는지 모르지만 영원히 사장될 뻔한 원고가 세상에 나오게 되니 쑥스럽기도 하고 기쁘기도 하다.

이 글은 마음이 슬펐던 어느 해 7월의 실패의 기록이다. 하지만 실패 속에서 만난 하나님의 이야기이기도 하다. 이 원고는 리얼 다큐다. 한 달 동안 매일 원고지 스무 장씩 서른 장씩 일기 쓰듯 썼다. 숨기고 싶은 이야기도 많았지만, 있는 그대로 솔직하게 썼다.

김영하 소설가가 '소설은 실패한 사람들의 역사'라고 했는데 백번 아멘이다. 뿐인가, 소설가는 자주 실패하는 사람들이다. 내가 이제껏 한 일은 수많은 '실패'의 전적밖에 없다. 지금까지 출간된 일곱 권의 책 역시 모두 실패의 기록이었다. 나를 아는 사람들이 간혹 나에게 "당신이 바로 소설이야"라고 하는데 그 말에도 아멘이다. 나는 그동안 소설을 쓴 게 아니라 내가 소설이 되어서 살아온 것 같다. 그만큼 소설적인 인생이었다. 그것은 나의 성향과도 관련이 깊다. 나는 늘 위험했으니.

5년 전, 첫 번째 신앙 에세이 『하나님의 트렁크』를 선보인 후 작년, 두 번째 신앙 에세이 『대한민국에서 교인으로 살아가기』가 출간되었을 때, 놀랍게도 많은 분들의 사랑과

격려를 받았다. 이에 힘입어 새롭게 책을 독자들에게 선보이게 되었다. 좀 면구스러운 모습이지만 그때의 나를 떠올리며 내일의 나를 상상한다. 그때의 나와 내일의 나는 다른 모습이겠지만 하나님을 사랑하는 마음은 여전하다. 늘 변함없이 자리를 지키고 있는 우리 교회에 감사하고 제기역 1번 출구도 감사하고 지금의 나로 이끌어주신 하나님의 사랑에 무엇보다 감사하다. 하나님, 앞으로도 잘할게요.

이 책을 내가
그토록 사랑했던
용두동 교회에게
바친다.

2021년 12월 마리서원에서

내가 행복했던 교회로 가주세요

나
는

주
님
이

좋
다

7월 1일 새벽 3시.

나는 창동 길바닥에 서 있었다. 교회친구이자 소꿉친구 셋이 나를 배웅했다. 밤 11시 번개였다. 반 년 만에 만난 친구들과의 만남은 생각보다 길었다.

변변한 작업실 하나 없이 방구석에 처박혀 소설 쓰는 나를 제외한 세 여자가 모두 직장에 다녔다. 결국 그녀들의 업무가 끝나는 시각에 만나기로 했다. 그 시각이 밤 11시였던 것.

자정이 지나면 거리에는 총알택시만 날아다닌다. 친구들의 배웅아래 총알택시를 탔다. 내비게이션이 쉴 새 없이 삐삐 거렸다. 규정 속도 위반입니다. 삐삐. 삐삐. 삐삐…

KTX를 탄 것처럼, 아니 이제껏 나를 스쳐 지나간 세월처럼 그렇게 총알로 날아가면서 나는 생각했다. 이러다 무슨 사고가 나서 죽는다면 어떻게 되는 것인가.

주민증 같은 것을 가지고 다니지 않으니 일단 소지품을 검사하겠지? 나는 총알의 속도를 견디느라 의지 삼아 꼭 끌어안고 있던 가방을 점검했다.

교회 이름이 선명하게 찍힌 주보. 속회 운영금이 남아있는 봉투(그 봉투 겉면에는 교회 이름과 나의 이름 뒤에 권사, 라고 인쇄되어 있다), 잔돈 지갑, 휴대폰, 휴대용 티슈, 김선우 시집, 작은 지갑에 숨겨 놓은 에쎄 라이트 반 갑과 성능 좋은 라이터(아들 방에서 하나 들고 왔다) 기타 등등.

나는 갑자기 가슴이 오그라드는 기분이었다. 일 년에 몇 번은 꼭 '내가 왜 개신교 신자이어야 하는가'에 대해 회의할 때가 있는데 그 순간이 그러했다.

죽음 앞에서 기껏 그런 쪼잔한 일로 인해 나의 심령이 괴롭힘을 당한다는 것이 용납되지 않았지만 엄연한 현실이기도 한 것을 어쩌랴. *)그래. 이번 기회에 나는 나를 *커밍아웃하기로 결심했다. 이 글은 그렇게 해서 쓰게 되었다.

＊ 커밍아웃 : coming out 자신의 취향이나 사상을 밝히는 행위. 주로 자신이 스스로 동성애자임을 밝히는 행위를 말하지만 이곳에서의 커밍아웃은 취향을 밝히는 것으로 한정한다.

★) 정말 말하고 싶지 않지만, 이 이야기는 오래전에 끝난 과거사다. 술담배에 익숙한 것을 자랑하지 않는 것처럼 술담배를 멀리했다고 또한 자랑질 할 일도 아니어서 언제나처럼 입 꼭 다물고 있다. 금주금연이 내 의지는 아니었고, 그냥 어느 날 문득 그렇게 되었다. 술담배를 믿음의 척도로 생각하는 분들이 계실까봐 드리는 말씀인데 이전이나 이후나 그런 류의 아디아포라 때문에 내 믿음을 저울질 당하고 싶지 않다는 생각이 너무도 강렬하여 언제인가는 다시 아주 열심히 주초잡기에 몰두할 것이라는 선언을 쓸데없이 하고 다닌다.

달리는 총알택시 안에서 죽음의 공포와 함께 커밍아웃을 생각해 낸 나에게 감동받은 나는 집에 도착하자마자 나의 작업실인 *마리서원으로 직행했다.

> ***마리서원 :** 피아노와 책장, 책상과 노트북 프린터 등이 있는 나의 방 이름. 시인 박인환이 운영했던 서점 이름이기도 하고, 내가 목숨 걸고 소설 공부했던 소설 커뮤니티의 이름이기도 하다.

달력 위에서 반짝이는 시계를 보니 새벽 3시 반이다. 내 머릿속도 덩달아 반짝거렸다. 매월1일 오전 6시 새벽 예배는 '초하루 기도회'로 열린다. 새로 부임하신 목사님이 만들었다. 목사님은 성경에 월삭기도라는 것이 있다고 하셨지만 성경을 수십 번 정독한 나로서도 초하루 기도회라는 단어 자체를 본 적이 없다. 목사님이 성경에 있다면 있기야 하겠지만 수십 년 성경 통독을 취미로 삼고 있는 나조차도 그냥 지나치고 읽을 정도로 희미하게 적혀있을 것이 분명하다.

목사님이 초하루 기도회를 만든 이유는 대강 이해(만) 했다. 새 달을 맞이할 때마다 한 달 동안의 기도 제목을 하나님 앞에 내려놓고 기도하는 시간을 가지자는 취지겠지. 불교 냄새가 나는 것은 부인할 수 없지만 그 의미를 생각하면 좋은 일이 아니런가.

나는 초하루 기도회에 가고 싶었다. 술 담배 냄새야 가그린 한 병으로 해결하고 다시 양치질 하면 되겠지. 혹여 냄새가 좀 나면 어떠리, 내가 간다는데, 나도 가서 기도 좀 하겠다는데!

시간을 확인해 보니 남은 시간은 겨우 한 시간. 잠을 자면 깨지 못할 것 같으므로 일단 노트북을 켰다. 기도제목이라도 써야하지 않을까 생각만 하고 쓸데없는 검색질로 시간을 흘려보냈다. 얼추 시간이 되어 다른 때보다 공들여 양치질을 하며 거울을 보았다. 약간 불그죽죽하다. 아, 이런... 원래 나는 술을 마셔도 별로 표시가 나지 않는데 과음한 것이다.

찬물로 이마를 적셨다. 시원했고 머리가 개운할 정도로 말짱했다. 이럴 때 하나님 감사합니다, 라고 말해도 되는 것인지 모르지만 하여튼 감사했다.

새벽 4시 반. 대중교통 수단이 없으므로 거금 들여 택시 타고 전철역으로 갔다. 따끈따끈한 첫 전철을 잡아타고 교회에 가니 5시 40분. 6시에 시작되는 초하루 기도회가 무려 이십 분이나 남았다. 늘 앉는 예배당 앞자리를 차지하고 하나님께 뻗대기 시작했다.

하나님. 제가요, 이번 한 달 동안 다른 글은 안 쓰고 그냥 리얼 다큐 일기로 나갈 겁니다. 솔직담백하게 쓸 수 있도록 해주시는 거죠?

그렇게 씩씩하게 읊어놓고 가만히 기다리는데 하나님은 아무 말씀이 없으시다. 혹시 엘리야에게처럼 세미한 음성으로 말씀 하시려나 하면서 더욱 귀를 바싹 긴장시키고 있는데 전도사님이 오셔서 기도카드를 놓고 가셨다. 하나님 음성 듣기를 포기하고 전철 안에서 생각했던 기도제목을 적었다.

1. *⁾아들 주일 성수
아들은 요즘 일 년에 몇 번 겨우 교회에 간다. 3D업종인 회사일이 너무 힘들어 지친 모습이 안쓰럽다. 녀석아, 돈은 안 벌어 와도 좋으니 제발 교회만 나와 다오.

★) 위의 기도제목 3가지는 아직까지 이루어지지 않았다.
　　하나님은 내 말(기도) 잘 안 듣는다.
　　하는 수 없다. 내가 하나님 말 잘 듣는 수 밖에.

2. 아들 적성에 맞는 직장

오늘이 아들 월급날이다. 아들은 오늘 월급 받는 즉시 사표를 쓰려고 일주일 째 벼르고 있다. 녀석의 홈피에 들어갔더니 D-7, D-6, D-5, 하면서 땡칠 시각을 만민에게 공시하고 있는 중이었다. 아들의 월급이 우리 집의 주수입원이다. 부수입원으로는 팥죽속의 새알심만한 남편의 연금과, 남편의 연금만한 나의 강의료, 심사비등이 계면쩍은 표정으로 옆에 붙어있다.

나의 친구들은 아들의 월급을 몽땅 착취한다고 이만저만 원성이 아니다. 어떤 친구는 '자식에게 앵벌이 시킨다'라는 제법 창의적인 험담을 늘어놓기도 한다. 하지만 나는 떳떳하다.

아니 그만큼 키워주었는데 몇 년 월급도 못 받아먹을까? 그러니까, 하나님! 우리 아들에게 좀 나은 직장 좀 어떻게 만들어 주십시오.

3. 나의 글 쓰는 작업 원활.

신춘문예로 등단한 이후 내 글 줄기를 꽉 틀어막고 계신 하나님 때문에 제대로 된 소설 한편 못쓴 나는 지쳤다. 그럴 거면 왜 등단시켰느냐고 삿대질(기도라고는 차마 말 못하겠다)

하는 것도 한 두 번이지...

　이제까지는 소설 잘 쓰게 해달라고 마구 떼를 썼지만 이번에는 머리를 굴렸다. 말해봤자 안 들어 주실 것 같은 슬픈 예감은 아마 맞을 거야, 하면서. 하나님이 소설을 쓰게 해주실지 수필을 쓰게 해주실지 신앙칼럼을 쓰게 해주실지 알 수 없다는 결론에 도달한 지금, 일단 두루뭉수리하게 '글 쓰는 작업' 이라고 해 놓은 것이다.

　하나님! 지금부터 한 달 동안 리얼다큐 일기를 쓰려고 하는데요, 하나님이 저에게 계획하신 것과 맞습니까? 아닙...니까? 맞다고...요? 아니...라고요? 하나님 제발 말씀 좀 해주세요! (고요하다) (내 가슴에 풍랑이 인다) 하나님, 하나님도 저 때문에 수시로 시험에 드셨겠지만 지 또한 하나님 때문에 자주 시험에 든다는 것만 알아주세요!

　목사님은 한나의 기도에 대하여 설교했다. 그 중 마음에 와 닿는 대목이 있었다.

엘리가 대답하여 이르되 평안히 가라 이스라엘의 하나님이 네가 기도하여 구한 것을 허락하시기를 원하노라 하니 이르되 당신의 여종이 당신께 은혜 입기를 원하나이다 하고 가서 먹고 얼굴에 다시는 근심 빛이 없더라

[사무엘 상 1 : 17 ~ 18]

이 때 한나는 아들을 낳는 소원이 이루어지기 전이었다. 단지 엘리 제사장이 축복했을 뿐이다. 그런데 한나는 이루어질 것을 확신하고 얼굴에 근심 빛이 사라진 것이다! 나도 마음이 평안해졌다. 기도 - 확신 - 이루어짐. 믿는 자들의 순서는 이러하다. 믿음은 바라는 것들의 실상이요 보이지 않는 것들의 증거니.

예배 후 안수기도가 있었다. 수많은 교인들이 목사님께 안수를 받으려고 예배당 중앙 통로에 끝도 없이 길게 줄을 선 것을 보고 깜짝 놀랐다. 목사님의 안수에 저렇게 매달리는 것이 올바른지 나는 잘 모르겠다.

7시. 출근하는 사람들 틈에 끼어 전철에서 꾸벅꾸벅 졸면서 집으로 왔다. 새벽에 만난 주님은 酒님이었고 교회에서 만난 주님은 主님이었다. 굳이 한자 변환을 할 필요가 있을까? 나는 주님이 좋다. 두 주님 모두 나를 위로해주시나니.

2
일

교 회 두 번 가 는 날

새벽 4시에 일어났다. 믿음의 동역자 친구가 사 준 예수
원 표 *기도의자에 무릎을 꿇고 앉았다.

다른 곳에서도 파는지 알 수 없으나, 예수원에 주문하면 택배로 보내준다. 가격은 생각보다 비싼 편이지만 꽤 효율적인 기도의자이다. 모양은...음...나무 조각을 디귿자로 이어놓은 것이랄까. 무릎을 꿇고 기도를 빡세게 하고 싶은데 얼마 지나지 않아 발이 저려 집중이 되지 않는 속상함을 완전히 해결해준다. 발저리는 현상 없이 한 시간은 거뜬히 앉아있을 수 있는 것이다. 이런 것 선물 받으면 고마워서라도 일주일은 무릎 꿇고 기도하지 않을까...?

잠이 덜 깬 열두 살 된 개도 어슬렁거리고 따라와, 곧 죽어도 방석 위를 찾아 그 위에 엎어진다. 너무 졸린 나머지 눈도 못 뜨는 개는 엎어진 그대로 신속하게 입신모드(?)로 들어가는 것이다. 그렇게 개띠 여인과 시추 한 마리가 마리서원에 앉아 목하 기도 중이다.

나의 새벽기도는 은근 복잡하다.

우선, 책꽂이 위로 늘어뜨린 A4 용지 앞에 꿇어 앉아 차근차근 읽어가면서 묵상한다.

그 종이에는 새해 중보기도, **신실한 주님의 자녀 되기 원합니다,** 라고 맨 위에 적혀 있다.

나는 개인적으로 '신실한'이라는 단어를 참 좋아해서 기회만 있으면 그 단어를 붙여서 쓰거나, 말하거나, 인용한다.

제일 먼저 효과적인 중보기도를 위한 원칙 8가지(기도에 앞서 숨은 죄를 회개한다. 성령의 인도하심과 능력 없이는 기도할 수 없음을 인정한다. 기대를 가지고 기다린다 등등)을 읽는다. 그 다음은 홍성건의 『하나님이 찾으시는 사람』에서 발췌한 중보기도 내용 - 너무나도 유니버설한, 일테면 241개의 국가, 2만 4천 족속의 평화에서부터 나라 위정자 등 권세 있는 자들을 위한 기도, 교회의 부흥을 위하여, 교회의 영적 지도자를 위하여, 하다못해(죄송합니다만) 선교사와 선교단체를 위해서도 기도하는 엄청난 범위의 - 을 하나씩 성실하게 짚어가면서 묵상한다.

그 다음 순서가 드디어 개인기도이다. 개인기도도 따지고 보면 중보기도의 연속이다.

언제인가 목사님이 '기도할 때 자기 기도만 하고 끝내지 말고 자신의 기도는 맨 끄트머리에 하라'고 권유하신 적이 있었다. 그 말씀에 감동받은 나는 그 때부터 좋아하는 사람, 친척, 친구, 속도원들을 먼저 넣고 나에 대한 기도는 맨 나중에 하다 보니 15번이 되었다. 이야기 하는 김에 내가 중보기도 하는 사람이 대체 몇 명인지 지금 세어보았다. 이름이 적혀있는 사람만 55명이다. 하지만 그 사람들만 있는 것은 아니다. 친구 이름이 있으면 친구 아들, 친구 남편, 친구의 어머니, 이렇게 하다 보니 정말 많은 사람들이 새벽마다 마리서원으로 몰려오는 것 같아 좁은 방구석이 복작복작해지는 것이다.

가끔은, 이렇게 한 사람 한 사람 이름을 부르면서 짧게 묵상하며 소원을 말하는 것이 과연 기도의 범주에 들어가는 것일까, 하는 의문이 생길 때도 있지만 어쩔 수 없다. 그것이 나의 한계라면 한계다. 어쨌든 A4용지 가득 적어놓은 나라, 민족, 북한, 교회 등등 무생물에서부터 애증이 가득한 인간 군상들의 이름을 하나하나 부르다 보면 한 시간은 우습게 흘러간다.

다음은 교회에서 나누어준, 마치 책받침처럼 코팅되어 있는 **'속회기도회 기도제목'**을 제목읽기 기도로 드린다. 그 내용은 참으로 세밀하기 이를 데 없지만, 그리고 수긍할 수 없는 내용도 있지만 그냥 이해하려고 애쓰면서 기도한다. 무려 40가지나 되는 기도문은 나를 질리게 한다. 아주 가끔은 '대체 이 기도문을 매일 묵상하는 사람이 과연 몇이나 될까'하면서 회의할 때도 있지만 그래도.

6시 넘어서야 블랙커피 한 잔 타서 노트북 옆에 얌전히 놓는다. 커피 마시면서 기도할 수 없으니 목이 마르지만 물 한 모금 안 마시고 기도에 열중했다

『숭고한 기도』라는 기도 묵상집을 펼치고 오늘 말씀을 읽는다.

'기도는 신적 에너지를 무능한 인간 영혼에 전달하는 사슬에서 꼭 필요한 고리'하고 씌어있다. 주홍색 형광펜으로 밑줄을 긋는다.

기도할 내용을 찬찬히 읽어 본다.

…하나님께서 왜 번거로움을 감수하시면서까지 기도를 만드셨을까요? 중요한 이유가 있습니다. 우리를 쓰셔서 당신의 계획을 이루고 싶으신 것입니다.

그래, 맞다, 아멘이다!

너무 감동한 나머지 이 기도집을 편집한 닉 해리슨의 이름에 뽀뽀 한 번 해주고 책을 덮었다. 이처럼 영양가 있는 묵상집은 본 적이 없다. 거의 이십년을 매 해 감리교 교육국 출판부에서 발행하는 『하늘양식』이라는 매일 가정 예배서를 사용했는데, 1/10 정도의 묵상은 아멘이 나오지 않는, 더 솔직하게 말한다면 그런 말씀에 아멘 하면 안 되는

내용이었다.

교회 중심, 목회자 중심으로 되어있는 가정예배서만 보다가 어찌어찌 선물 받은 이 책이야말로 변변찮은 친구 몇보다 훨씬 낫다는 것이 내 솔직한 마음이다.

『숭고한 기도』를 숭고한 마음으로 읽은 후 표준 새번역 성경을 펼쳤다. 요즘은 신약, 그 중에서도 사복음서 위주로 읽어나가고 있다. 올해는 어쩐지 신약에 완전 집중하고 싶기도 했다. 예전 같으면 하루 석장 이상을 고수했을 텐데 올해는 장 수 진행에 얽매이지 않고 내키는 대로 한 장 이상씩만 읽기로 했다. 나의 허접한 취미들 중 그래도 고상한 취미는 **성경 읽을 때 밑줄 긋는 것과 성경 읽은 날짜를 적는 것**이다. 나는 적혀진 과거의 날짜를 본다. 2003. 8. 23.

2003년이라...나에게 2003년에 대하여 말하라고 한다면 단 한 마디로 말할 수 있다. **소설에 미쳤던 해! 소설을 신처럼 섬겼던 해!** 나는 짜안해지는 가슴을 살며시 어루만졌다.

요한복음 10장을 읽었다.

나는 선한 목자이다. 나는 내 양들을 알고, 내 양들은 나를 안다.

[요한복음 10 : 14]

나는 형광펜을 들고 생각에 잠겼다. 예수님이 선한 목자라는 것은 알겠다. 예수님이 양들, 그러니까 어리석은 나를 포함하여 그리스도인이라 일컫는 사람들을 알아보신다는 것도 알겠다. 그런데 나를 포함하여 그리스도인이라 일컫는 사람들이 과연 예수님을 알아본다고 말 할 수 있는가?

아니, 알기는 알겠지, 어느 정도는. 하지만 그 어느 정도 아는 것도 예수님을 정확하게 안다고 말할 수 있는 것일까? 나 역시 예수님을 보고 단번에 알면 참 좋겠지만 그런 영안이 나에게 있을까?

나는 머릿속이 복잡해졌다. 일단 형광펜으로 밑줄을 긋고 퀘스천 마크를 해놓았다. 나는 왜 이렇게 모르는 것 투성이인지 정말 모르겠다. 나는 예수님께 말했다. 제발이요. 예수님을 잘 알아볼 수 있도록 도와주세요.

아들은 시치미를 떼고 출근한다. 내가 슬쩍 물었다.

"그만 둘 것 같더니만 또 출근하네?"

"몰라, 내 뜻은 아니지만 하여튼 더 다녀야 해."

아들의 퇴직 연기 뉴스를 전해들은 남편이 무지하게 좋아했다.

7시. 맨발에 운동화를 꿰차고 나가 집 근처 하천 변 조깅 코스를 한 바퀴 돌고 왔다. 시원한 바람이 불고 있는 천변의 조경은 끝내준다. 좀 빠르게 걸으면서 중얼중얼 기도도 몇 마디 했다가 물소리를 듣기도 하면서 한 시간여를 보냈다. 내일부터 비가 억수로 온다니 당분간 하천 산책은 못할 것 같다. 아쉽구나.

8시 40분. 24킬로 밖에 있는 교회를 향하여 출발했다. 오늘은 수요일. 수요일에는 두 번 교회를 간다. 오전에는 조가 중창단 연습과 속장 교육, 그리고 저녁에는 수요예배와 성가연습이 있다.

전철에서 김선우 시집을 읽었다. 다음 주 수요일 독서회에서 토론할 책이었다.

반쯤은 알아듣겠는데 난해한 시가 많다. 단번에 접수가 되지 않는 시는 두 번 읽는 성의도 보이면서 나름대로 정성껏 읽었다.

『내 몸속에 잠든 이 누구신가』 영풍문고에서 시집 제목에 넋이 나갈 정도로 끌리는 바람에 덥석 물어왔다. 제목만 몇 번 되뇌이는데도 콧등이 시큰해지면서 속이 울렁거렸다.

...그대가 피어 그대 몸속으로/ 꽃벌 한 마리 날아든 것인데/ 왜 내가 이다지도 아득한지/ 왜 내 몸이 이리도 뜨거운지...

얼마나 사랑하는 사람이면 자신의 몸속에 넣고 사는지. 나는 그렇게 이해했다. 시 한 편 때문에 가슴이 잘잘 끓는 가운데 교회 마당에 들어섰다.

나는 교회 일찍 가는 재미로 사는 것 같다.

오늘도 시간이 삼십여 분이나 남아서 지하 기도실로 들어갔다. 작은 개인 기도실에서는 옅게 코고는 소리가 들려왔다. 아늑하고 감미로운 소리다. 아마 새벽기도를 마친 교인이 낮 시간의 교육 때문에 집에 가지 않고 기다리다가 혹은 기도하다가 살짝 잠이 들었나보다.

십자가를 비추는 불을 켜고 - 나는 지하 기도실에 들어가면 꼭 십자가 불을 켠다. 그래야 기도실에 온 거 같으므로 - 방석 하나 갖다 놓고 그 위에 오토마니 앉았다.

비로소 예수님과 마주 앉은 기분이다. 은근히 웃음이 나왔다.

예수님, 오늘은 오목 한 판 어때요? 하고 농담이 하고 싶어질 만큼 기분 좋다.

이상하게도 내가 기도실에 들어갈 때면 기도실에는 아무도 없다. 기도실에 아무도 없어서 정말 좋다고 말하면 예수님이나 목사님이나 좀 껄쩍지근하시겠지만 텅 빈 기도실이 너무도 좋은 것을 어떻게 합니까.

나는 이 시간이 정말 좋다. 그냥 가만히 십자가를 보면서 앉아있는 시간. 가끔 나도 모르게 '감사합니다, 하나님' 혹은 오강남 교수의 조언대로 '주여, 자비를 베푸소서.' 하는 기도문이 나오기도 하지만 그것은 거의 무의식중에 나오는 말이다.

그런데 요즈음은 기도실에서 깜짝 놀라는 일이 자주 있다. 글쎄 내가 눈물을 흘리는 것이다. 이 주일 전인가? 그때도 일찍 와서 이곳에 앉아 가만히 십자가를 바라보는데 문득 정신을 차리고 보니 내가 글쎄 흐느끼고 있는 것이었다. 깜짝이야!

나는 '울고 있는' 내 자신에 너무도 놀라 잠깐 동안 내가 정말 나인가, 이곳에 앉아 있는 것이 현실인가 혹시 꿈은 아닌가 하는 생각까지 들 정도였다. 그때 정말 신기했다. 어느 순간 가슴이 축축해지고 내 자신이 개미보다도 작아지고 허물 많던 과거지사가 머릿속을 스쳐가면서 눈물이 흐르기 시작하더니 도무지 그치질 않는 상황이 벌어졌다. 감기도 안 걸렸는데 말간 콧물마저 쉴 새 없이 흐르니 그것도 참 곤욕스러운 일이었다. 그러면서 참으로 이상하게도 마음속에 어떤 확신 같은 것이 찾아왔다. 하나님이 이런 못난 나를 사랑하시나보다. 그날 이후로 마음이 많이 편해졌다. 곳곳에 산재했던 문제들도 거의 잊어버렸다.

그동안, 아주 오래 전부터 기도실을 즐겨 찾기는 했지만 기쁨과 확신을 가진 적은 (전혀)없었다. 하나님은 내가 무엇인가 잘 못하면 여지없이 끄집어내어 광명한 대낮에 낱낱이 펼쳐놓으시는 몰인정한 분으로 생각했던 적이 많았다.

그래서 무슨 잘못을 저지르면 아이구야 또 걸렸구나, 된통 혼날 일만 남았구나 하는 생각이 먼저 들었던 것이다. 나는 오래 동안 죄의식을 많이 가지고 살아왔었나 보다. 제대로 살지 못한다는 죄의식, 하나님이 원하는 대로 살지 못한다는 죄책감으로 마음 졸였다.

그런데 그 때 눈물 사건 이후로 나에게 부드럽고 감미로운 평안이 감돌게 되었다. 그것은 확신에서 오는 안식이었다.

하나님은 나를 사랑하신다, 하나님은 나를 귀하게 생각하신다, 그런 확신 말이다. 그 후 두려움이 사라졌고 그리고 자유로워졌다. 그렇게 나의 믿음이 진화하고 있는 것이라고 생각한다.

30분 정도 지하기도실에서 오롯하게 평안을 누리고 조가 중창단 연습을 했다.

열 댓 명의 대원 중 오늘은 반도 참석하지 않았다. 가끔 그렇게 꽝일 때가 있다.

소수의 인원이지만 그래도 성의껏 연습했다. 조가 중창단은 교회에서 장례가 났을 때 입관예배나 장례예배, 하관예배에 가서 조가를 불러주는 중창단이다. 노래 솜씨는 그다지 좋다고 할 순 없지만 꼭두새벽의 장례식에 가기 위해 동서남북에서 달려오는 '성의' 점수는 가히 A⁺를 주어야 하지 않을까.

그 후 한 시간 동안 *속장 교육을 받았다.

*속장: 감리교에서 활용하는 셀 모임인 속회 지도자. 지역에 따라 5~10명 정도로 속을 나누어 일주일에 한 번씩(대개 금요일이다) 가정을 돌아가면서 모여 예배하고 친교를 나누는데 예배를 인도하고 속회 전반에 걸친 심방, 연락 등을 맡아한다. (나는 속장의 직분을 십 수 년째 맡고 있다.)

우리 교회는 지난 4월, 담임 목회자가 교체되었다. 28년 동안 목회했던 목사님이 은퇴하시고 나와 동갑내기인 목사님이 새로 부임해 온 것이다. 새로운 리더십의 출현으로 이

전과는 체제가 많이 달라졌다. 변화가 필요한 시점이기도 했지만 우리 교회가 역사의 새로운 국면에 접어들었다고 할 수 있겠다.

새로 오신 담임 목사님이 속장의 리더십에 대하여 30분 교육하시는 데 내용도 좋고 공감대도 형성되고, 나름대로 결단할 마음도 생기는데 문제는 그 후 부목사님이 인도하는 속장 교육이다.

원래 감리교회는 속회 인도를 위한 공과 책이 교재로 나와 있다. 이전에는 담임 목사님이 직접 속장 공부를 인도했다. 속회 공과에서 배울 수 없는 많은 것을 보충해 주어서 속회 인도할 때 적절하게 인용할 수 있었는데 이번은 꽝이었다. 두 달 전 새로 부임하신 부목사님은 속회 공과 내용을 거의 그대로 요약 설명해 주는 것이다. 게다 불행히도 부목사님의 스타일이 나에게 잘 맞지 않았다. 나는 선입관을 갖지 않으려고 노력했지만 부임 첫 번째 설교부터 실망했다. 그런데 불행히도 그 실망이 계속 '진행'중인 것이다.

어쩐지 허공을 떠도는 것 같은 말씀. 나는 그 허공을 떠도는 말씀을 하나라도 건지려고 매우 노력하지만 제대로 되지 않았다. 나는 주문을 외우면서 속장 공부를 견디고 있다. 인내하는 것이다. 이럴 때 필요한 것, 그래, 인내! 목사님을 견디고, 목사님의 말씀을 잘 견디어야 하느니라.

속장 공부 끝나자마자 부리나케 집으로 뛰어온 것은 내심 이유가 있었다. 비가 오기 시작하므로 저녁 성가연습 때 간식으로 부침개를 만들어 갈 생각이 떠올랐기 때문이었다.

오자마자 팔을 걷어 부치고 부침개 열 장을 만들었다. 재료를 한 번 소개해 드릴까요? 부침가루 1킬로. 계란 두 개 (보통 한 개만 넣는데 오늘은 두 개 넣었다), 호박, 부추, 감자, 풋고추, 홍당무, 양파, 깻잎 등등. 그 중 한 장을 부쳐 경비실 갖다드렸다. 경비 아저씨 입이 쩍 벌어지면서 너무 좋아 하신다.

6시. 자, 이제 다시 교회를 향하여 출발이다. 따스한 부침개 쟁반을 싼 보자기를 가슴에 품고 말이다. 7시 반 수요예배와 9시 찬양 연습을 위하여.

수요예배. 비가 와서인지 평소보다 교인들이 많지 않았다.
맨 앞자리에서 열심히 기도하는 담임 목사님이 안쓰러워 보였다. 이럴 때 정말 힘이 빠지실 거 같다. 나라도 자리 하나 차지하고 있는 것이 조금이라도 위로가 되었으면 좋겠는데.
얼마 전, 그 날도 비가 오는 수요일 저녁 예배였는데 빈

자리가 꽤 많았다. 그 모습을 보고 목사님이 이렇게 말씀하셨다.

"들리는 소문에 의하면 예수님은 비가 오는 수요일 저녁 예배에 오신답니다."

하하.

늘 그렇듯 예배당 앞자리를 차지하고 앉았다. 십자가만 보이는 그 곳이 정말 좋다. 예배 시간까지 이십 여분을 가만히 앉아있는데 또 눈물이 쏟아졌다. 요즘 이런 기이한 현상이 매우 빈번하게 일어난다. 예전에는 느낄 수 없었던 감동이 내 가슴을 이리 쓸어내리고 저리 쓸어내리면서 눈시울을 젖게 만드는 상황을 대체 어떻게 이해하여야 할까.

펄펄 뛰는 부흥회도 아닌데 무슨 말씀을 들은 것도 아닌데 그냥 예배당에 앉아있기만 해도 - 나도 모르게 - 눈물이 흐르는 것이다.

오전의 부목사님과는 다른 부목사님의 설교는 완전 나를 항복시켰다.

'어떻게 하나님의 뜻을 알 수 있는가'에 대하여 한 달 동안 시리즈로 말씀해 주시겠다고 하셨다. 이전부터 논리적 설교로 정평이 나신 목사님의 설득력 있는 이론 전개에 계속 끌려가는데 결말이 정말 압권이었다.

1. 우리를 향한 하나님의 선하시고 온전하신 뜻을 신뢰하라.
2. 그 뜻을 분별할 수 있음을 믿고, 잘못 분별함에 대한 염려를
   버리라!

아이고 하나님 감사합니다~ 나는 입이 쩍 벌어졌다.

7월 한 달 동안 진솔한 일기를 쓰는 것에 매진하겠다고 결심은 했지만 나는 그것이 과연 하나님이 나에게 원하시는 것인지, 갈피를 잡을 수 없었다. 나의 커밍아웃을 통해 나와 비슷한 고통에 있는 사람들을 '영양가 없는 죄책감'에서 벗어나게 하고 싶은 의지를 과연 하나님께서 인정하실지 그것이 의문이었던 것이다.

하지만 이번 수요 예배에서 나는 하나님이 주시는 해답을 찾았다. 100킬로 가까운(넘을지도 모른다) 거구의 목사님께서 나긋나긋하고 상냥한 어조로 하신 말씀들!

"여러분, 두려워하지 마십시오. 혹시 여러분이 잘못 선택했다고 할지라도 하나님은 여러분을 다시 잘 인도해 주십니다. 여러분 스스로 그 뜻을 잘 분별할 수 있다고 자신을 믿으십시오. 나를 향한 놀라운 계획이 있다고 확신하십시오!"

할렐루야!

예배 후, 문 앞에 서 계시는 목사님께 다가가 오늘 주신

말씀으로 나의 문제가 해결 받았다고 말하고 싶었지만 용기가 부족하여 망설이다 말았다. 언젠가는 꼭 말씀드려야지!

예배 후 지하 홀로 갔다. 찬양 연습까지의 30분 정도의 공백시간에 식사를 하지 못한 성가대원들을 위하여 김밥과 컵라면, 그리고 차를 마련해 놓은 테이블이 구석에 마련되어 있다. 내가 부스럭거리면서 뭔가를 꺼내니까 대원들이 벌써 알아차린다. 가끔 부침개를 만들어오는 것이 내 취미인 것을 알고 있는 눈치 백단인 우리 대원들!

"권사님, 혹시 비 오니까 부침개 또 만들어 오신 거 아니에요?"

부침개 보따리를 풀어놓자 소리 지르는 대원들의 환호성을 들으면서 나는 성가대실로 가서 찬양곡집을 공부했다. 성가대실에는 지휘자 선생님이 홀로 자리를 지키고 계셨다.

내가 좋아하는 '신실'이라는 단어를 쓰기에 조금도 부족함이 없는 신실하신 우리 지휘자 선생님은 성가대실에 홀로 앉아 열심히 악보를 보고 계시는 것이다! 나와 띠 동갑은 될 정도로 어리지만 저런 모습을 보면 존경심이 절로 났다.

한 시간 동안 최선을 다하여 열심히 찬양연습. 그 시간을 나는 감히 행복했다고 말할 수 있으리라. 매일 찬양만 하고 살아도 좋으리.

집으로 오는데 목사님의 말씀이 계속 떠오른다. 혹시 여러분이 잘못 선택 했다고 할지라도... 하나님께도 감사하고 하나님의 생각을 대신 말씀해 주신 목사님께도 감사하다. 마음이 편안해졌다. 혹시 내가 부침개 만들어가니까 하나님이 기특하게 보시고 해답을 빨리 주신 것이 아닐까?

그
분
이

오
셨
다

새벽에 일어나 중보기도에서부터 (자질구레한) 온갖 경로
를 거친 후 잠시 숨을 고르고 있는데 머릿속에서 형광등이
켜졌다. 간만에 목요일이 비는데 기도원에 갈까?

내가 다니는 교회의 장로님 부부가 세운 기도원이 철원에 있다. 기도원 버스가 바로 우리 집 앞으로 지나기 때문에 별 부담 없이 갈 수 있는 곳이다. 그 기도원에서는 목요일마다 낮 집회가 있다. 목요일은 도서관에서 수필 강의를 하기 때문에 오래 동안 기도원에 갈 수 없었다. 기도원 출입도 중독이 있는지 모르지만 몇 달 가지 않으면 슬슬 좀이 쑤셨다. 기도원 간다고 해서 남들처럼 목청껏 통성기도를 하는 것도 아니고 뒤집어지거나 엎어지거나 하지도 않는데 그냥 그 자리가 좋은 것이다.

두 달 전인 5월 1일 노동절도 마침 목요일이어서 도서관 강의가 휴강이었다. 해서 간만에 남편과 믿음의 동역자인 친구, 거기다 간만에 연락이 닿은 친구까지 모조리 다 모시고(?) 기도원에 갔다. 그런데 참 놀라웠던 것은 그날 마침 우리 교회에 부임한 담임 목사님이 집회를 인도했다. 그것이 바로 꿩 먹고 알 먹기였다. 영성 짱, 말씀 장이니까 시험들 걱정이 없었던 것이다.

그 날을 곰곰이 되씹어 보니 고개가 갸웃해진다. 기도원에 갔다 오기만 하면 성령 충만해지는 것은 아닌 모양이다. 왜냐하면, 그 날은 4년 동안이나 지속되었던 금연을 깬,

기록적인 날이었기 때문이다. 인생은 생각대로 흘러가지 않는다.

기도원 집회를 참석하다 보면 수많은 부흥목사의 설교를 듣게 되는데 은혜로운, 아니, 은혜는 둘째 치고 성경에 입각한 올바른(여기에서 '올바른'의 기준은 성경말씀에 근거한다)말씀을 하시는 목사는 다섯에 하나, 아니 완전 솔직하게 말한다면 열에 한 사람 찾기도 힘들었다. 물론 나와 우리 남편의 사견임을 밝혀둔다.

60년대식의, 걸찍하고 쉰 목소리로 윽박지르고 호통치고 상소리 대놓고 하고 좋은 차를 자랑하고, 헌금 많이 내서 축복받은 성도들의 이야기만 줄줄 늘어놓는다. 목사를 하나님처럼 섬겨야 한다는 말씀은(그게 과연 하나님 말씀인가?) 부흥사 목사들의 십팔번이다.

몇 번 시행착오를 겪은 후 나는 부흥사의 말씀에 은혜 받으려는 욕심을 자연스레 포기했다. 자기 흥에 겨워 삼천포로 마구 빠지는 부흥사의 설교를 들으면서 나는 알 수 없는 비애감마저 느껴야했다. 늘 느끼는 것이지만 *하나님을 파는 세일즈맨 같은 목사보다, 그렇게도 영양가 없는 설교에서 아낌없이 아멘하고 박수쳐 주고 즐거워하는 기도원 파 신자들의 믿음이 훨씬 윗길임에는 틀림없다!

바담 풍 해도 바람 풍으로 알아듣고 열심히 아멘, 하는 기도원 골수분자를 보면 고개가 절로 숙여진다. 어쩌면 나는 말씀을 들으러 가는 것이 아니라 믿음 좋은 신자들을 보면서 나를 반성하러 가는지도 모른다. 찬양 인도하는 전도사가 심한 비브라토로 세상 창가 비슷한 창법으로 찬양을 인도해도 좋다. 오전 집회 끝나고 점심 식사 후 남는 시간에는 주변을 돌아보거나 일찍 성전에 들어가 앉아 호젓하게 앉아 침묵하는 시간도 참 좋다.

어쨌든 기도원 가 본지 두 달이 넘었겠다, 마침 지난주에 봄 학기 종강도 했겠다, 나는 슬슬 발동이 걸려 늦잠을 즐기는 남편을 깨워 살살 꼬드겼다.

"바람도 쐴 겸, 내가 또 언제 시간이 날지 모르니까 이번에 같이 가보자아~~"

그렇게 해서 둘이 손을 잡고 서둘러 집을 나섰다. 나는 기다리는 것에 질렸던 과거가 있어서 급작스레 이루어진 번개를 좋아한다. 기다린다는 것이 얼마나 피를 말리는 일인지 아직까지 모르는 사람은, 음, 진정한 연애를 못해 본 사람이다!

그런데 기도원 버스 기다리는 곳에 도착하니, 어머나? 노동절에도 같이 기도원에 갔던 내 믿음의 동역자가 서 있는 것이 아닌가!

나: 자기, 어쩐 일이야? 어디 가려고?
친구:(약간 멍한 표정으로) 기도원 가려고.

친구도 나도 놀라기는 마찬가지였다. 그 친구를 기도원으로 끌고 같이 간 적은 여러 번 있었지만 그 친구가 나에게 (감히, 내가 소개시켜 준 기도원인데!) 연락도 하지 않고 혼자 기도를 하러 가려고 했다는 사실이 놀라웠다.

친구 왈, 아침에 일어나 성경을 읽는데 갑자기 기도원에 가고 싶다는 생각이 들었다는 것이다. 그래서 잠든 남편과 아들을 깨우지도 않고 살며시 집을 나와 버렸다나!

친구가 말했다.

"우리는 믿음의 동역자가 틀림없는 가보다. 영으로 통했으니 말이지."

이리하여 기도원에 도착할 때까지 친구와 나는 버스 안에서 번개 부흥회를 했다. 영적으로 맞는 믿음의 동역자가 있다는 것은 서로에게 축복임에 틀림없다.

하지만 오늘 집회에 온 목사는 별로였다. (그렇게 평가하는 것을 이해하셨으면 좋겠다. 대놓고 말하지는 않지만 느낌까지 숨길 수는 없지 않나?) 교회 짬밥이 삼사십 년 되다보니 한 오분 정도 설교를 들으면 대충 감이 온다.

미국에서 수십 년 살았다고 했는데 그래서인지 말의 템포는 너무 느렸고, 한 마디 하면 누가 들어도 열 마디 이상은 빤히 알 수 있는, 그러므로 결말을 상상할 필요가 없는 FM식 설교를 하고 있었다. 인생도 그러하지만 끝을 알고 있는데 끝까지 들어야한다는 것은 참 고역이었다. 일단 기도원에 왔으면 최선을 다하여 말씀을 받으려는 의지가 있으므로 나 역시 최대한 아멘으로 화답했다. 끝까지 지루한 설교였지만 말이다.

나는 내 오른쪽에 앉은 남편과 내 왼쪽에 앉은 친구를 교대로 살짝 살짝 관찰했다.

오른쪽은 시큰둥한 표정. 왼쪽은...? 은혜 충만이다. 이게 어찌된 일일까? 하도 신앙책, 신학책, 성경, 주해서를 많이 읽어 척 하면 삼천리이고, 옳고 그름이 너무도 분명하여 오히려 정나미가 떨어질 정도이며 교회이건 목사이건 유명설교자이건 간에 하나님의 뜻에 어긋난다 싶으면 가차 없이 아니다 하고 주장하며 일목요연하게 타당한 논리를 펼치던 친구가 아니던가!

그러한 친구가 저렇게 어눌한 설교에 얼굴이 벌개지도록 영성이 충만해 지다니! 오전 집회 끝의 기도시간에는 코까지 훌쩍이며 눈물을 쏟는 모습을 보니 말씀보다 그 친구의 모습이 오히려 더 은혜로웠다. 그 모습에 감동 받은 나는 다시 마음을 다잡아 무릎을 꿇었다. 그러니까 눈물도 전염이 되는지, 아니면 요즘 나의 '눈물기도 버전'이 다시 리바이벌 되었는지 나도 모르게 또다시 눈물이 주르르 흐르는 것이었다.

티슈로도 닦고, 손등으로도 훔쳐내도 소용이 없었다. 몸속에 꽉 차 있던 괴로움, 아픔, 상처, 슬픔 덩어리들이 콸콸 쏟아져 나오는 것 같았다. 카타르시스! 설교가 끝나고 개인기도 시간이 되면 제 일착으로 뛰쳐나가던 남편도 어찌된 셈인지 꽤 오랜 시간 앉아 있는 모습도 신기했다.

기도원에서 제공하는 점심으로 기도원 텃밭에서 가꾼 무 공해 상추, 호박, 고추 등과 제육볶음을 먹었다. 아욱 된장 국이 정말 시원했다. 다른 기도원은 어떤지 모르지만 이 기 도원은 점심을 무료 제공한다. 게다가 한 달에 한 번 이상은 생일이니, 진급했느니, 은혜 받았느니, 치유 받았느니, 하면 서 잘 차린 뷔페로 한 턱 쏘는 신자들이 심심찮게 많아서 먹 거리가 화려하고 풍성하다. 좋은 일이 있을 때 여러 사람에 게 대접하는 마음은 또 얼마나 아름다운가!

농사짓는 분들은 감자며 야채며 곡식 등 추수한 것을 바 리바리 싸들고 오신다고 들었다. 나누고 베풀고 함께 하는 초대교회 공동체의 모습이 이런 것이리라. 늘 대접만 받는 우리 일행은 그런 모습을 보고 가슴이 뻐근해졌다. 우리도 언젠가는 이 기도원에서 한 턱을 내리라고 굳은 결심을 하 면서 밥을 먹었다. 아멘! 내 결심을 들은 남편이 옆에서 즉 시 화답했다.

기도원에서 내려온 우리는 2차를 갔다. 기도원에 동행한 친구 부부와 우리 부부가 저녁 번개를 한 것이다. 저녁만 먹 었을까. 내가 술 좋아하는 줄을 너무도 잘 아는 친구 남편은 소주 한 병을 처음 딸 때마다 *'11조 떼어야지'하면서 내 잔

* 먹는 것의 11조 : 우리 가족끼리만 통용되
는 언어인데 예를 들면 우리 남편이 찰떡 아
이스바를 먹으면 내가 달려들면서 말한다.
"11조 떼어지!"
그러면서 한 입 뺏어 먹는다.
하다못해 집에서 기르는 개에게도 먹던 것
을 나누어 던져주면서 이렇게 말한다.
"야, 너도 11조 먹어라."

을 듬뿍듬뿍 채워주었다.

만난 지 20년 된 친구 남편은 이제 너무 친해져서 얼마
전 내가 술 끊었다고 하니까 거짓말 작작 하라며 꿀밤을 날
리기도 했다. 사람들은 작가라는 직업에 대하여 관대한 경
향이 있다. 소설가는 교회에 다녀도 술 담배 하는 것을 용
납할 수 있다는 것이다. 예술가니까. 작가니까. 나는 대단
한 특혜를 받고 있는 셈이다. 술 마시는 것이 죄라면 신부
님들은 어쩌면 좋을까. 그렇게 죄를 많이 지으시니 말이다.
담배 피우는 것이 죄라면 신부님들은 어떡하느냐고요! 가톨
릭 교리서를 뒤져서 신부님의 주초잡기가 어떻게 해서 면죄
부를 받을 수 있게 되었는지 정말 알아보고 싶은 심정이다.

첫 잔이 달콤했다. 술을 마셔본 사람은 그 맛을 안다. 첫
잔을 입에 대었을 때 그 날 술발(술빨이라고 세상에서는 말한

다)이 어떻게 되느냐가 판가름 나는 것이다. 어느 때는 첫 모금조차 넘기기가 힘들 때가 있다. 그럴 땐 오늘은 술이 잘 받지 않네, 하는 대중적인 언어로 이야기한다, 오늘처럼 사이다 마시듯 거부감 없이 달착지근하게 술술 넘어갈 때가 있는데 그럴 땐 '오늘 술빨 받는다'고 말하면 다 알아듣는다.

돼지갈비 안주로 술빨을 받은 나는 제법 술 좀 마시고, 와하하, 진짜 즐거운 시간을 가졌다. 이럴 때 기분 최고 좋으신 분들은 역시 남편님들! 마누라 옆에 앉혀놓고 술 한 잔하는 것이 인생 최고의 낙이라고 여기시는 순수하신 분들이다. 모두 기분이 업 되었으므로 누구 하나 말리는 사람 없이 몽땅 빈대떡 집으로 진격! 막걸리에 빈대떡으로 술빨 완전 충만해졌다. 약간 걸음이 비틀거리는 남편을 억지로 택시 안에 구겨 넣고 집으로 왔다.

8시 반. 남편이 기절 비슷하게 뻗어버리자 아들 방에서 엣쎄 한 갑을 훔치고 라이터도 좋은 거 하나 꼬불쳐 가지고 선술집으로 갔다. 같은 동네 사는 후배 문인이 갑자기 만나고 싶다고 번개 연락이 왔기 때문이다. 이후, 후배 문인의 남편이 후배의 사랑하는 아들 손을 잡고 선술집까지 찾아올 때까지, 두 시간 넘게 앉아서 소설에 대한 집중 탐구했다.

자정이 가까운 시각, 후배의 가족과 헤어져 집으로 돌아오는 길이었다. 나는 화끈한 뺨을 두 손으로 감쌌다. 오늘, 그 분이 오셨다. 그 분이 오시긴 오셨는데 저녁에 오신 그 분은 또 누구란 말인가.

4
일

나
의

독
립
기
념
일

어제 그 분을 맞이하느라 좀 힘들었던 고로 오늘은 새벽
기도를 넘어가려고 했는데 어쩐 일인지 5시에 또 눈이 확,
떠졌다. 마구 졸음이 몰려오면 얼른 눈을 감고 모른 척 자야

지, 했는데 웬걸? 정신이 점점 똘망똘망해진다.

하는 수 없이(?) 일어나서 마리서원으로 갔다.

코까지 골며 신나게 잠자던 개도 웬 정신력인지 모르지만 하여튼 깨어나, 비칠거리며 따라 들어와 내 옆에 그대로 뻗어 다시 주무신다. 믿음 좋은 개.

요한복음 12장을 계속 읽어나가는 데 재미있는 구절을 발견했다. 노다지를 캔 기분이다.

유대 사람들이 예수가 거기(나사로가 사는 베다니)에 계신다는 것을 알고, 크게 떼를 지어 몰려왔다. 그들은 예수를 보려는 것만이 아니라, 그가 죽은 사람들 가운데서 다시 살리신 나사로를 보려는 것이었다.

[요한복음 12 : 9]

읽다가 너무너무 우스워서 꼭두새벽에 (소리날까봐 입을 가리고) 한참 웃었다. 예나 지금이나 사람들은 달은 못 보고 달을 가리키는 손가락 보느라고 중요한 것을 자주 놓친다. 성경을 읽다보면, 특히 기똥차게 번역된 표준 새 번역으로 읽으면 너무도 재미있는 구절이 종종 눈에 띈다. 그럴 때면 무슨 보물이라도 찾은 것처럼 밑줄을 쳐놓고 누군가와 그 재미를 공유하고 싶지만 아직 그런 사람은 만나지 못했다.

예를 들면 마태복음에는 이런 구절이 있다.

27장 62절에서 65절을 잘 음미하면서 읽어보면 너무 웃다가 배꼽이 빠질지도 모른다.

이튿날 곧 예비일 다음날에, 대제사장들과 바리새파 사람들이 빌라도에게 몰려가서 말하였다.
"각하, 세상을 미혹하던 그 사람(예수를 일컬음)이 살아 있을 때에 사흘 뒤에 자기가 살아날 것이라고 말한 것을, 우리가 기억하고 있습니다.
그러니 사흘째 되는 날까지는, 무덤을 단단히 지키라고 명령해 주십시오. 혹시 그의 제자들이 와서, 시체를 훔쳐가고서는, 백성에게는 '그가 죽은 사람들 가운데서 살아났다'하고 말할지도 모릅니다. 그렇게 되면, 이번 속임수는 처음 것보다 더 나쁜 영향을 미칠 것입니다."
빌라도가 그들에게 말하였다.
"경비병을 내줄 터이니, 물러가서 재주껏 지키시오."

[마태복음 27 : 62 ~ 65]

재주껏 지키라니! 이게 한국어의 매력이다!

이 구절을 읽고도 미소 짓지 않는 사람은 졸면서 읽은 것이 틀림없다.

어제 술을 하신 남편을 위하여 얼큰한 해장국을 끓여놓고 말했다.

"여보, 오늘 매우 바빠서 자정을 넘기기가 쉬울 것 같습니다."

"그려, 잘 다녀와. 조심하구!"

불과 얼마 전까지도 나의 친구들로부터 혹시 경미한 의처증 환자가 아닐까 의심받기도 했던 우리 남편의 변화된 모습을 보라. 나는 더욱 있는 힘을 다하여 남편에게 최선을 다하여 섬길 것을 결심, 또 결심하면서 오늘의 스케줄을 점검했다. 오늘은 네 탕이나 뛰어야 한다.

10시 : 속도원 병원 심방

11시 : 속회 예배 인도

02시 : 문인협회 상장 상패 등 각 학교 전달

07시 : 소설가 선생님 출판기념회

문 밖을 나서면서 화살기도 한다. 하나님, 오늘도 실수하지 않도록, 후회할 일 하지 않도록 도와주시기를.

심방 가려고 속도원에게 전화하여 병원 입원실 호수를 물었다. 초등 1년생 딸내미 맹장수술을 하는 바람에 병원에서 쪽잠을 자는 집사님이 제발 오지 말라고 신신당부했다. 입원실은 가르쳐 주지도 않으려 했다.

'정말 절대로 오시지 마세요. 안 오셔도 괜찮아요.'

그래도 나는 갔다. 물어물어 맛난 도넛 집을 찾아가서 맛있는 것만 골라 한 박스 사들고(속회 공금으로 산 것이다) 병실 문을 두드렸다. 깜짝 놀라는 집사님. 수술도 잘 되어 명랑 쾌활한 아기 환자를 보고 매우 안심했다. 수술 자리도 보고, 초딩 1학년 수준의 귀엽고 깜찍한 대화를 하다보니 시간이 금방 지나갔다.

아아, 하지만 병원 심방에 꼭 빠져서는 안 되는 필수사항이 나에게 남아있다. 바로 기도였다! 환자와 보호자를 위하여 기도를 해야 하는데 도무지 입이 안 떨어지는 것이다. 여러 사람들과 같이 쓰는 병실이다 보니 눈치도 보일 뿐 아니라, 그 사람들도 듣는다고 생각하니 더욱 입이 떨어지지 않았다.

그래도 겨우겨우 용기를 내어 말했다.

"이리 가까이 와라, 조그맣게 기도해 줄께."

그리고는 머리를 맞대고 조그만 목소리로 기도했다. 멋지게 하고 싶었지만 역부족이므로 그냥 솔직하게 기도했다. 유아틱하게 했으니 딸내미에게 접근성은 좀 있었을지도 모른다.

심방을 마치고 엘리베이터를 타고 내려오면서 나도 모르게 한숨을 내쉬었다. 가뜩이나 후덥지근한데 등줄기가 완전 땀에 젖었다. 그래도 미션 완수에 기쁨이 두 배!

부리나케 걸어 속회 예배드리는 장소로 이동했다. 나까지 다섯 명이 옹기종기 앉아 예배드렸다. 나는 있는 힘을 다하여 속회를 인도했다. 광고시간에 공식적인 방학이 없다고 하니까 속도들 말씀이 그래도 슬쩍 방학하자고 하신다.

"인도자님(나를 부르는 호칭이다) 글도 쓰시고 바쁘실 텐데 그냥 방학해요~"

아멘! 다음 주 우리 집에서 속회 쫑파티를 하자고 했더니 그럴 것 없다고 그냥 이번으로 방학하자고 이구동성으로 말씀하신다. 속회 강박에서 벗어난 게 너무너무 좋아 내 입이 헤 벌어졌다. 대신 방학 중간에 한 번 만나 같이 점심 먹으면서 회포를 풀기로 약속했다.

금요일은 일주일 중 가장 부담스럽다. 왜냐? 속회를 인도해야 하기 때문이다. 도서관 수필 강의보다 속회 인도가 몇 배 더 부담된다. 60대 한 분, 70대 두 분, 80대 노 권사님 두 분, 그리고 나와 띠 동갑인 집사님 한 분으로 이루어져 있어서 누가 그렇게 성경말씀을 묻거나 집요하게 파고들지 않는데도 그것과 상관없이 하나님 말씀을 전해야 한다는 것이 나에게는 너무도 큰 짐이다. 그러므로 일주일 중 가장 행복한 시각은 금요일 속회 인도 후, 모여서 점심 먹을 때다.

9월 첫 주 속회는 우리 집에서 하기로 정하고 즐거운 성도의 교제를 빵빵하게 했다.

오늘 속회를 드린 가정은 국민임대 아파트에 홀로 살고 계시는 87세 된 노 권사님이셨다. 자식들한테 한 푼도 도움받지 않고 연금 몇 십 만 원으로 살아가는 독거노인인데도 불구하고 권사님은 늘 감사를 입에 달고 사신다.

점심 먹으러 가면서 그 권사님께서 속도원 모두에게 만원씩 나누어 주셨다. 아울렛 식당에 가서 마음껏 골라먹으라는 것이다. 권사님의 스타일을 알고 있으므로 마치 세뱃돈 받듯 모두 웃으며 받았다. 그렇게 계산은 끝났나 싶었는데 권사님은 또 천 원짜리를 세시더니 3천 원씩 따로 주셨다.

"여기까지 오느라고 수고 많았어요. 이거 차비."

속회 후 집에서 식사대접을 할 때에도 집으로 피자 배달시키고 배달 온 청년에게 팁까지 챙겨 주시는 센스 만점 권사님이시다. 그때 배달 청년은 노인이라 계산을 잘못한 줄 알고 자꾸 돌려주려고 해서 우리가 거들었다. 그거 팁으로 주시는 거예요. 깜짝 놀라던 배달 청년.

오늘 노 권사님은 차를 갖고 오신 집사님에게 또 다시 만원을 주셨다.

"요즘 기름 값이 많이 올랐다는데 기름 넣으세요."

체어맨 끌고 다니시는, 겁나게 부자인 집사님에게 말이다. 노 권사님 고집에 하는 수 없이 부자 집사님은 만원을 받았다. 올해 환갑 되신 집사님도 순종하는 마음으로 기름 값을 그냥 받으신다. 근래 들어 용돈 받아보기는 처음이네요.

백일장 수상자들의 상장을 전달하기 위하여 문협 회원이

모였다. 삼계탕 집에서 식사를 하지 않은 회원은 집에 가져 가라고 하나씩 안겨준다. 속회에서 점심을 먹은 나는 엊그제 한 밤중까지 같이 이야기를 나누었던 후배 문인에게 내 삼계탕까지 주어버렸다. 그 후배는 내가 준 삼계탕을 보물단지처럼 안고 갔다.

초등학교 중학교를 예닐곱 곳을 돌았다. 네 팀으로 나누어서 돌았기 때문에 그 정도였다. 그렇게 맡겨진 임무 완수하니까 5시 조금 넘었다. 시간 계산을 해보니 강남 갈 시간과 정확하게 맞아 떨어진다. 만약 중간에 팀이 있으면 헤맬 뻔 했는데 다행이었다. 하나님께 감사의 화살기도!

강남까지 전철로 시원하게 갔지만 출구로 나오니 더위가 장난 아니었다. 퇴근시간이어서 인파들 사이를 마치 헤엄치며 가는 것처럼 허우적대면서 걸었다. 후덥지근한 느낌이 불쾌지수 상한가까지 치솟는 기분이다. 같이 가기로 한 문우가 늦는 바람에 스타벅스에 들어가 아이스 아메리카나 한 잔 놓고 더위를 좀 식혔다. 맨날 스타벅스 욕은 하는데 그래도 낯 선 곳에서 제일 만만한 곳은 스타벅스인 것을 어찌하랴. 이것이 바로 삶의 딜레마겠지만.

선생님이 알려주신 출판기념회 장소는 이름을 들으니 보나마나 요즘 유행하는 일본식 선술집이 분명했다. 문우가 헐레벌떡 뛰어오면서 매우 미안해하는 것을 진심으로 괜찮다고 했다. 이전 같으면 짜증났을 상황이지만 요즘은 정말 나는 변했다. 약속시간에 늦어도 화가 나지 않는 것이다. 바야흐로 도인의 경지에 이른 것일까.

아니나 다를까 조촐한 출판기념회 장소는 신발 벗고 들어가는 일본식 선술집이었다. 스무 명 남짓한 소설가 및 소설가 지망생들이 모여 있었다. 매우 반가워하는 선생님. 소설에 대하여, 문학에 대하여 책 발간에 대하여 문학적 삶의 여정에 대하여, 간간이 양념처럼 농담하면서 즐거운 시간 보냈다. 밥은 없고, 안주거리만 갖가지 연이어 들어온다.

그곳에는 소설 때문에 다니던 직장 때려치우고 고시원에서 쪽 잠 자면서 소설 쓰는 인간도 있고 부산에서 무작정 상경하여 아르바이트 하면서 소설에 목매단 혈기 왕성한 젊은 남자도 있었다. 원래 소설이라는 것도 마약 못지않게 중독성이 강해서 우리 선생님은 소설 쓰는 것을 천형(天刑)이라고 까지 엄포를 놓은 적도 있다.

그 곳에 모인 거개의 인간들은 마치 마약 중독자처럼 끊임없이 맥주잔을 돌리고 소주병을 기울였고, 선생님과 정면에 앉지 않은 운 좋은 사람들은 구석에서 여유 있게 담배를 피우고 있었다.

원래 소설 쓰는 인간들은 사유가 대단히 자유롭다.

그 틈에 끼어 술잔을 나누고 서로 담배 불을 붙여주면서 덕담을 나누다 보니 소설의 그 뜨거운 불길에 다시 휩싸이는 기분이었다. 요즘 작품은 잘 쓰냐, 그런 물음은 절대 서로에게 하지 않는 것이 불문율이다. 모두 홀로 고통의 땀을 핏물처럼 흘리면서 소설을 쓰려고 안간힘을 쓰는 것을 다 알기 때문이다.

나는 가끔씩 시간을 확인할 때마다 한 시간씩 지나가고 있는 것이 참 신기했다. 시간이 그렇게 빨리 흐를 수도 있다는 것이 말이다.

결국 11시가 넘어서야 겨우 자리에서 일어났다. 중간에 몇 사람 슬금슬금 인사하고 가기도 했지만 아직 파장 분위기는 아니었다. 과거의 경험으로 비추어 보건데 새벽 3시 이전에는 절대 끝나지 않을 자리였다.

직행 버스를 타고 취해 졸면서 집에 오니 거의 한 시가 다 되었다. 착한 남편은 얌전하게 기다리고 있다. 나는 그 모습에 완전 감동되었다.

나를 자유롭게 해주는 그것은 결코 나를 방종으로 이끌지는 않을 것이다. 나는 달력을 바라보았다. 오늘 나는 새로운 기록을 세웠다. 오늘은 미국 독립기념일이 아니라 나의 새로운 독립기념일이다.

믿음을 가지게 되면 그 반응이 바로 사랑이다

사랑으로 서로 종 노릇하라. 표준 새 번역으로는
사랑으로 서로 섬기십시오, 이다.
아멘 열 번 한다.
'사랑'과 '서로'와 '섬기라'는 말이 이렇게 조화로울 수가!
사실 생각해보면 성경구절을 세세하게 후벼팔 것도 없다.
하나님은 우리에게 무엇을 원하시는지 생각하면 답은 금
세 떠오른다. 하나님이 우리에게 원하는 삶은
사랑으로
서로
섬기라는 것이다. 아멘.
그리고 하나님이 나에게 원하는 삶은 딱 세가지 밖에 없다.
항상 기뻐하라
쉬지말고 기도하라
범사에 감사하라(엄청 쉬워 보이나 진짜 어려운,,,)

어제 늦게 잠들었건만 5시에 눈이 떠졌다. 그것은 정말
감사한 일이다. 새로운 날, 새롭게 주님을 만나는 시간.

밖은 이미 훤하다. 여름의 아침은 빨리 온다. 나는 빨리 늙는 것 같은 기분이 들었다. 정해진 순서에 따라 경건의 시간을 가지면서 성경을 읽는데 또 퀘스천 마크가 생겼다. 이전에는 그냥 지나쳤던 구절들이 요즘 들어 새삼스레 불쑥불쑥 다가오는 것이다.

이제 나는 너희에게 새 계명을 준다. 서로 사랑하여라. 내가 너희를 사랑한 것 같이, 너희도 서로 사랑하여라.

[요한복음 13 : 34]

서로 사랑한다는 것이 예수님이 와서 새 계명을 준다고 말할 만큼 놀랍고 신기하고 새로운 계명인가?

십계명이나 율법에는 서로 사랑하라는 대목이 없었던가? 아니, 유대인들은 예수님이 사랑하라는 새 계명을 주기 전에는 서로 사랑하지 않고 살았단 말인가? 부모 자식 간에 이웃 간에 친척 간에 한 동족 간에 사랑이 존재하지 않았더란 말인가?

아니, 그 시절에 유대인들이 얼마나 매몰차고 냉정했으면 예수님이 그런 계명을 새 계명이라고까지 하면서 말씀하셨을까. 식민지 삶이 핍절하여 사랑에 대하여 아예 눈 돌리지 않고 살았던 것일까?

아니, 계명을 주고 말고 할 것도 없이, 사람이 태어났으면 서로 사랑하는 것이 당연하지 않은가 말이다.

설마, 예수님이 그런 상식적인 사랑을 말하려는 것은 아니겠지.

하지만 혹시 모른다. 사람의 내면에 자리 잡고 있는 자기중심주의, 극단적 이기주의, 자신을 위해서라면 눈앞에 어떤 것도 보이지 않는 그야말로 앞이 안 보이는 에고이스트들에게 경고한 것일까?

그렇다면 그건 바로 나인데... 나는 예수님께 항변했다.

하지만 예수님도 아시다시피 제가 무진장 노력은 하고 있잖아요. 요즘 들어 제가 마음에 미움이라는 단어가 존재하지 않도록 하기 위하여 피나게(?) 노력하고 있는 거 다 아시면서!

연필을 입에 물고 한동안 멍하니 앉아있는데 어디선가 말씀이 들려왔다.

더욱 열심히, 마음과 뜻과 정성을 다하여!

하는 수 없이 아멘 했다.

입에서 아직도 술 냄새가 나는 것 같아 다시 양치질을 하고 책상 앞에 앉았다.

일주일에 한 번 정도 술자리면 딱 좋을 것 같은데 요즘 들어 너무 잦아지고 있는 것이 문제라면 문제였다. 7월 들어서도 술로 시작하고 그제와 어제도 벌써 일주일 사이에 3번이나 술자리가 있었다. 반성 모드.

고혈압 때문에 월례 행사로 늘 다니는 동네 병원을 갔다. 혈압을 재던 예쁘장한 여의사가 고개를 갸웃거린다.

"이상하네요. 혈압이 많이 올랐네."

나는 요즘, 실은 거의 두 달 째 일주일에 적어도 두세 번의 술자리가 있었노라고, 요즘 나에게 '산책'이라는 단어가 사라진 지 오래이며, 헬스는 두 달째 땡치고 있다는 말은 할 수 없었다. 나를 한참 바라보던 의사가 말했다.

"오늘은 그냥 가시구요, 월요일 다시 한 번 오셔서 재 봅시다."

한마디로 말하자면 진료에 딱지를 맞은 것이다. 돌아오는 길은 또 다시 반성 모드였다. 편한 옷으로 갈아입고 비 오는 천변을 우산 쓰고 산책했다. 열심히 걸으면서 하나님께 애교와 앙탈과 회개와 아양과 협박의 기도문을 한 시간 동안 - 기분에 따라 - 올려드렸다.

몇 달 째 매우 흐트러져 있는 자신을 반성합니다. 아니, 기독교적 용어로 말씀드릴게요. 회개합니다.

나는 좀 우울해졌다. 요즘 들어 술이 왜 그렇게 따라붙는지 나도 정말 알 수 없었다.

절제하지 못하고 자신을 컨트롤 할 수 없으면 술을 끊어야 할 수밖에 없다는 대명제 하에 나는 사뭇 비장한 기분이었다. 성령의 여덟 가지 열매 중 가장 마지막이 바로 절제 아니던가.

누군가 말했다. 절제가 가장 힘드니까 성령의 열매 중 제일 마지막에 대롱대롱 달려있다는 것이다. 아멘.

담배도 그렇다.

지난 일 년 동안 나는 하나님께 기도했다.

하나님 다시 담배를 피울 수 있게 해주세요. 4년이나 금연했으니. 그 기도의 응답이라고는 감히 말하지 못하지만 어쨌든 두 달 전부터, 정확하게는 지난 5월 1일부터 담배를 피우기 시작했다. 나는 정말 자유롭고 싶었다. 내가 담배를 피울 수 있는 자유, 끊을 수도 있는 자유를 내가 온전히 누리고 싶었던 것이다.

엊그제 번개에서 친구들을 만났을 때 담배를 피우면서, 하나님께 담배 피우게 해달라고 일 년 동안 떼써서 겨우 허락받은 거라고 말해줬더니 친구들이 다 쓰러졌다.

그 기도를 일 년이나 들으신 하나님이 심히 괴로우셨을 거라고. 처음에는 내가 혹시 잘못들은 것이 아닐까 하고 하나님이 자신의 귀를 좀 의심했을 거라고.

집에 돌아와 샤워하고 내일 부를 성가곡을 연습했다.

피아노를 띵띵거리면서 내일 성가곡과 그 다음 주 성가곡까지 열심히 불렀다. 애매모호한 음정을 정확하게 잡고, 그리고 가사가 입에 붙도록 여러 번 연습했다. 내가 존경하는 부류 중 하나가 바로 클래식 작곡가다. 나를 음악으로 위로해 준 수많은 작곡자에게도 경배 드리고 싶다.

기분이 나는 김에 옛날 피아노 연습곡 집을 꺼냈다. 나달나달해진 겉장이 기어이 뜯겨져 나간 소나티네 앨범이다. 바흐의 평균율 피아노 곡집 제 1번은 프렐류드. 구노가 아베마리아의 반주에 썼다고 해서 더 유명해진 곡인데 단순하면서도 매우 감미롭고 느낌이 좋다.

아래 덧줄에는 '일견 간단한 것 같지만, 이곳을 정확하고 아름답게 치려면 무척 힘든 곡이다'라고 씌어있다. 과연 그러하다. 서너 번을 연거푸 쳤지만 악보 보기에 너무 급급하다.

가스펠과 찬송가를 자유자재로 치고 싶은 마음이 굴뚝같

다. 올해는 가스펠, 찬송가 섭렵!

　별 약속이 없는 날은 저녁을 금식하기로 했으므로 꼬르륵거리는 배를 살살 달래면서 저녁나절을 보냈다. 내일 주일은 오후 예배까지 교회에서 지낼 예정이다. 일찍 잠을 자야한다. 나는 11시 땡 치는 소리를 듣자마자 졸립거나 말거나 그냥 자리에 누워버렸다.

　하나님, 내일 주일을 기대합니다.

5시 반 기상. 꽃단장하고 6시 10분 카풀로 교회에 갔다.
7시 반 1부 예배 찬양대를 하고 있으므로 주일은 더욱 부
지런해야 한다. 지금은 여름이어서 날이 훤하게 밝았지만

겨울에는 교회에 도착해도 한밤중처럼 깜깜했다.

입례 송을 부르는데 또 울컥했다. 거룩 거룩 거룩...
이른 아침 우리 주를 찬송합니다...
오늘 말씀은 마가복음 4장 씨 뿌리는 자의 비유였다. 길가와 돌짝밭과 가시떨기와 옥토 중 나는 감히 가시떨기에서 옥토를 향하여 가는 중이라고 나를 점검했다. 그것은 자만이 아니다. 수십 년 동안 길가에 돌짝밭에서 헤맨 경험이 있기에 오늘 날 가시떨기와 옥토사이에서 왔다갔다 하면서 일 밀리라도 앞으로 전진하고 있는 것이 아닌가!

새로 부임하신 목사님은 마가복음을 순서대로 설교하고 계시는데 참 의미 있는 작업이라고 생각한다.

새해 들어 나도 시편을 한 번 읽은 것을 제외하고는 4복음서에 매달리고 있다. 예수님은 무슨 말씀을 하셨는지 그것이 정말 궁금했다.

바울 신학과 예수 신학이 있다면 현재 기독교는 오히려 바울 신학에 치우쳐 있는 편이라고 성인학교를 인도했던 전도사님이 말해주었다. 나는 특히 4복음서에 공통으로 나와 있는 사건이나 이야기를 집중적으로 생각해 보고 있다.

목사님께서 마가복음을 가지고 설교하겠다고 하셔서 그 후 마가복음을 두 번 정도 정성껏 읽어보았다. 다음에는 누가복음을 읽었다. 그리고 지금은 요한복음을 아주 천천히 - 예전에는 하루 석장 이상, 하고 진도에 열을 올렸을 테지만 지금은 느긋하고 차분하게 한 문장 한 문장을 씹어 넘기고 있다. 오래된 국밥처럼 구수하다 - 읽고 있는데 그 맛이 장난 아니다.

오늘의 예배도 역시 감격스러웠다. 찬송가를 부를 때부터 마음에 울림이 오는데 말씀을 열심히 귀담아들으면서 자신을 점검해 보았다.

그리고는 예수님께 말했다. 그래도, 제가 노력하고 있는 것은 아시지요? 좀 면목이 없기는 하지만.

예배 후 임원회가 있었다.

감리교회는 임원회가 있는데 분기별로 집사 이상의 직분을 가진 교인들이 모여 회의 한다. 담임 목사님이 회의를 진행하고 각부 부장들이 나와 분기별 보고를 한다. 내 생각에 임원회는 직분자들의 20% 정도만 참석하는 것 같다. 왜 그렇게 참석이 저조한지 모르지만 나는 맨 앞자리에 앉아 나누어 준 제법 두툼한 자료집을 이리저리 살피면서 밑줄도 긋고 메모도 하면서 집중했다.

4월에 부임한 목사님은 이제 겨우 3개월이 지났을 뿐인데 무척 많은 시간이 흐른 것 같다고 하셨다. 저도 그렇게 생각합니다 목사님.

목회자가 바뀌면 리더십도 바뀌기 때문에 모든 체제가 변화하는 것은 당연하다.

이 전에 28년 목회하시던 목사님의 스타일은 교인의 자유를 최대한 보장하는 자율적인 시스템이었다. 방목이라고나 할까. 나는 그것이 싫지는 않았다. 하지만 새로 오신 목사님은 확실한 울타리를 세우고 확실하게 양육시키는 스타일이다. 지시사항도 많고 요구사항, 주문도 꽤 많다. 비전을 가슴 가득 품고 계시는 것 같다.

엊그제 수요 예배 때 나는 목회자의 뒷모습에서 쓸쓸함을 보았다. 일당 천, 일당 이천으로 교인들과 맞서야 하는, 그것이 대적은 아닐지라도 하여튼, 그의 모습에서 철저한 외로움을 느꼈다. 모든 사람의 시선이 집중되는 가운데 오로지 하나님의 뜻을 위하여 밀고 나가야 하는 그 비전에 나만은 발목잡지 말고 있어야겠다는 생각이 들었다. 말없이 가만히 있는 것도 한 방법이겠지.

4월 취임하자마자 특별 새벽기도회, 이어 5월에는 전교인 영적 회복을 위한 부흥회, 그리고 6월에는 다니엘 새벽기도회를 열어 많은 교인들이 동참하여 은혜의 시간을 가졌다. 잠자고 게을렀던 영혼을 깨우려면 목회자의 리더십이 더욱 파워풀해야 하고 주변의 여러 소리에 의연하게 대처하는 담대함이 필요할 것이다.

나는 목사님을 신뢰한다.

목사님이 처음 예배를 인도했을 때부터 나는 예배의 감격을 경험했다. 이전에는 별로 느끼지 못했던 새로운 경험이었다. 예배 시간에 나도 모르게 눈물이 난다는 사실, 그것 하나만으로도 나는 행복했다. 완악하고 이기적인 나의 마음에 말씀이 촉촉하게 스며들면서 예배마다 은혜의 시간을 체험했다.

그때까지 예배는 '그냥 드리는 것'이었다. 예배 속에서 감격을 찾거나 하나님의 임재하심을 느끼는 것은 생각하기 어려웠다. 하지만 몇 달 사이 나는 예배에 대한 새로운 자각이 생겼다. 그것은 비단 나만의 일은 아니었다.

목사님이 오시고 얼마 되지 않아 어떤 권사님이 하는 말을 귓전으로 흘려들은 적이 있다.

"참 이상해. 이번에 예배를 드리는데 나도 모르게 그만 눈물이 줄줄 흐르지 뭐야? 다음날 아침이 되었는데 문득 이런 생각이 드는 거야. 오늘 내가 하나님이 기뻐하시는 무슨 일을 해야 할까. 그러니까 불현듯 내가 인도하는 속도 중에서 새로 참석한 새 신자가 생각나는 거야. 그래서 분당에서 용두동까지 버스를 타고 새 신자 속도를 심방 갔지. 그냥 너무도 가고 싶어서 말이야. 그랬더니 새 신자가 깜짝 놀라는 거야. 아니, 권사님. 오늘은 속회도 아닌데 어떻게 오셨어요? 그냥 성도님 보고 싶어서 심방 온 거예요, 그렇게 말했더니 새신자 속도가 어찌나 감동하던지...”

하지만 임원회의 끝은 그다지 멋지지 않았다. 다 끝나가는 무렵 폐회 동의를 하려는 순간, 어느 장로님이 손을 들고 발언했다.

요즘 촛불집회에 우리 교단이 지지 성명을 냈는데 그것이 문제이다, 촛불집회에 좌파들이 선동하고 있다는 것은 누구나 다 아는 사실인데 교단 측에 문제가 있는 것은 아닌가, 다른 사람들은 감리교단을 좌파라고 매도하고 있다. 이럴 때 우리 교회에서 뭔가 입장 표명을 해야 할 것이다... 그런 취지의 발언이었다.

나는 놀라지 않았다. 엊그제 칠순이 넘으신 노 권사님 두 분과 함께 차를 타고 갈 일이 있었는데 그분도 그렇게 말했기 때문이다.

그러자 어느 장로님이 마이크를 잡았다.

“우리 교회에도 젊은 사람들은 생각이 다를 수 있으니까 그것은 자율에 맡겨야지 교회 차원에서 이쪽 저쪽을 지지

하면 분열이 일어나 좋지 않습니다. 우리는 그저 기도하는 수밖에 없지요."

먼저 발언했던 장로님께서 다시 마이크를 잡으셨다.

"아니, 그렇게 명약관화한 일을 어떻게 그냥 가만히 있는다는 말씀이요. 지금 좌파가 이렇게 난리를 치고 있는데 올바른 길을 알려주어야 하지 않습니까! 옛날 예수님도 아니면 아니요 기면 기요, 라고 분명히 하라고 본을 보여주지 않았습니까!"

이렇게 장로님 서너 분이 왈가왈부 서로 마이크를 잡고 여러 말씀을 하시는데 목사님은 매우 난처한 기색이다.

교회나 교단은 극소수를 제외하고는 이미 보수, 그것도 보수 꼴통의 노선 안에 있는 것은 이미 다 알고 있는 터라 나는 순한 양처럼 눈만 꿈벅거리면서 아무 말도 하지 않았다. 발언하시는 장로님들은 이미 보수 중에서도 보수라는 자신의 위치가 매우 올바르다고 생각하시는 모양이었다.

나는 이럴 때는 예수님 생각이 간절해진다.

기존의 율법적인 생각을 완전히 전복시킨 예수님의 말씀들은 그러면 어떻게 해석해야 하나. 당시 기득권이고 보수였던 바리새인과 서기관, 그리고 제사장들에 대하여 호되게 질책하신 그 많은 말씀들이 설마 2,000년 전의 중동지방에서만 통용된다고 생각하시는 걸까.

　나는 좌파도 아니고 빨갱이도 물론 아니지만 촛불집회를 반대하지 않는다. 하지만 그 어느 명분도 나라를 분열시키는 결론에 이르게 하는 것은 하나님의 뜻에 맞지 않는다는 생각이다.

　하나님은 분열된 것들에게 화합, 이해, 용서의 카드를 내밀었다. 서로 사랑하라. 종교는 이데올로기에 연연하지 않는다. 예수님은 좌파도 우파도 보수도 진보도 아니다. 그것을 초월한 지점에 예수님은 서 계신다.

　임원회의 끝은 매우 살벌했다. 이제 그만합시다, 하고 누군가 소리쳤고, 이에 폐회동의를 해서 서둘러 끝마쳤다. 잘 나가다가 삼천포로 빠진다더니 오늘 임원회가 그러했다. 나는 마음이 씁쓸해졌다.

　한국 교회는 보수에서 벗어나야 더욱 많은 사람에게 어필 할 텐데 그것을 모르는 것일까?

　교회 문턱은 그래서 더욱 높게 느껴지는 것은 아닌가. 만일 세상 사람들이 교회에서 이러한 말들이 오갔다는 것을 안다면 얼마나 진저리를 칠 것인가.

　설령 촛불집회에 좌파가 참석했다고 할지라도, 빨갱이가 참석했다고 할지라도, 그들은 하나님을 믿어야 할 '예

비 신자'들이다. 욕하고 비난하고 싸울 대상이 아니라 보듬
고 끌어안아 예수님의 품으로 인도해야 할 미래의 신자들
이 아니던가.

길어진 회의 때문에 오후 예배시간까지 빠듯했다. 식당
으로 달려가 뒤늦은 점심을 먹었다. 지하 홀에는 수많은 집
사, 권사님들이 임원회와 관계없이 화기애애하게 담소를 나
누고 있었다. 차라리 임원회에 참석하지 않았더라면 지금처
럼 마음이 꿀꿀하지는 않을 텐데.... 교회에서도 가끔은 땡
땡이가 필요한지도 모르겠다.

오후 예배에 비전 선포식과 성찬식이 있었다. 핵심비전
이 바로 '성령님이 이끄시는 교회'라는 것에 나는 매우 만족
한다. 예배를 통한 하나님의 임재 체험이라는 항목에도 아
멘이었다.

성찬식을 하는데 또 다시 마음이 뜨뜻해졌다. 서로 사랑
하라.

나는 주변의 교인들을 둘러보았다. 헷갈리는 말씀으로
일관된 주장을 하신 장로님 얼굴도 보인다. 나는 마음을 굳
게 먹는다. 모든 이를 사랑해야한다. 이것은 명령이다. 서
로 사랑하라.

그래 그것은 새로운 계명이다.

작년 가을 갑자기 난소암 말기로 판명되어 투병중인 친구가 모처럼 교회에 왔다. 해서, 몇 몇 친구들과 저녁 번개를 때렸다. 맛난 닭갈비가 나에게는 예사로워 보이지 않는다. 이 좋은 안주를! 하지만 어제 병원에서의 혈압 사건이 아직도 생생한지라 이를 악물고 참았다. 아픈 친구가 눈물을 글썽거렸다.

"내가 이렇게 여름을 맞이할 수 있다는 것이 꿈만 같아. 너무도 감사해."

친구는 하나님의 은혜에 푹 빠져 지내는 것처럼 보인다. 그녀의 모습은 아프지 않을 때보다 훨씬 더 생기 있고 예쁘고, 명랑하다. 하나님은 병을 통해서도 영광을 드러내는 것이 여실히 증명되었다.

친구들과 담소를 나누는데 문협 문우의 전화를 받았다.

"오늘 주말 농장에서 감자를 캤어요. 집에 안 계시겠지만 그냥 갖다 드릴께요."

이렇게 감사할 수가! 내가 감자를 좋아하는 줄 아는 사람들이 포삭포삭한 하지 감자를, 그것도 택배(?)로 보내주고 있다.

친구들과 헤어질 때 이상한 선물 교환이 있었다.

나는 아픈 친구에게 커피 한 잔을 사주었는데 아픈 친구는 나에게 백화점 상품권을 주는 것이 아닌가. 나는 그것을 상황이 나보다 어려운 다른 친구에게 양보했다. 또 한 친구는 나에게 도너츠를 사주었고, 또 다른 친구는 우리들을 위하여 맛난 닭갈비를 아낌없이 쏘았다. 각자 자신의 것만 가지고 있으면 이렇게 풍성하지는 않으리. 모였던 친구들 모두 즐거운 웃음 속에서 좋은 시간을 보냈다.

집에 오니 남편이 거실에 신문지를 깔아놓고 감자를 오종종 늘어놓고 있다. 꽤 양이 많다. 아니, 이것을 어떻게 들고 왔지? 나는 놀라 남편에게 물었다. 몸이 불편한 남편을 위하여 문우의 남편이 현관까지 낑낑 이고 왔단다.

나는 얼른 문우에게 문자를 날렸다.

- 힘드신데 집까지 배달해 주셔서 너무 감사해요. 잘 먹겠습니다.

즉시 문우의 답 문자가 왔다.

- 받아주셔서 감사합니다.

받아주셔서 감사합니다? 그렇게 좋은 선물 덩어리를 주었으면서! 정말 감동적인 답 문자였다.

　　새벽 5시 묵상. 닉해리슨의 숭고한 기도 중 오늘의 날짜
에 준하여.

하나님은 기도가 얼마나 세련되고 격조 있는가 하는 것을 눈여겨 보시지 않습니다. 얼마나 길게 드리는가 하는 것에도 관심을 두지 않습니다. 얼마나 많이 드리는가에도 무관심하십니다. 훌륭한 운율과 음성과 짜임새 있는 논리도 마찬가지입니다.

얼마나 진실한가, 얼마나 마음이 실려 있는가, 그것을 하나님은 주목하십니다.

토머스 브룩스

기도할 내용 : 하나님이 귀히 여기시는 기도들의 공통분모는 겸비의 심정에서 나온다는 것입니다. 하나님은 교만한 자의 기도를 듣지 않으십니다.... 기도를 드릴 때는 철저히 정직한 자세를 취하는 것 외에 다른 것을 염려하지 마십시오. 감언이설로 하나님을 속일 수 없습니다....

읽기에 따라서는 소름끼치도록 무서운 말씀이다. 잠시 가만히 앉아 내가 얼마나 하나님께 솔직하게 기도 했나 점검해 보았다. 사실 하나님께도 면목이 없어 슬슬 포장하는 기도도 적다고 할 수 없다. 앗, 죄송!

요한복음 14장 *존대어 버전으로 읽기

여러분은 마음에 근심하지 마십시오. 하나님을 믿고 또 나를 믿으십시오. 내 아버지의 집에는 있을 곳이 많습니다. 그렇지 않다면 내가 여러분이 있을 곳을 마련하러 간다고 여러분에게 말하겠습니까? 나는 여러분이 있을 곳을 마련하러 갑니다. 내가 가서 여러분이 있을 곳을 마련하면, 다시 와서 여러분을 나에게로 데려가겠습니다. 내가 있는 곳에 여러분도 함께 있게 하겠습니다. ...

내가 아버지 안에 있고, 아버지께서 내 안에 계시다는 것을 믿으십시오. 믿지 못하겠으면 내가 하는 그 일들을 보아서라도 믿으시기 바랍니다. 내가 진정으로 여러분에게 말씀드립니다. ...

나는 여러분을 고아처럼 버려두지 아니하고, 여러분에게 다시 올 것입니다...

나는 나의 평화를 여러분에게 드립니다. 내가 여러분에게 주는 평화는 세상이 주는 것과 같지 않습니다. 여러분은 마음에 근심하지 말고, 두려워하지도 마십시오....

아, 정말 존대어로 읽을수록 더욱 은혜롭고 마음이 따사로워지는 것을 느낀다. 누군가 그랬지. 상대방을 높이면 내가 높아집니다, 라고. 날은 밝은지 오래인데 몸이 녹작녹작하여 자꾸 눕고 싶어졌다. 목회자도 아닌데 나는 월요일이면 그저 쉬고 싶은 마음뿐이니 참 이상하지 않은가. 커피 한 잔 마시고 육신을 아주 편안하게 늘어뜨린 채 늘어지게 한숨 주무셨다.

오후, 병원에 가서 의사 앞에 다시 팔을 내밀었다. 혈압계의 위용이 새삼스럽게 다가왔다. 제발 잘 좀 재 줄 거지? 혈압계 눈금을 세심하게 살피던 의사가 말했다.

"그 때보다 조금 내려갔네요. 일단 그대로 유지합시다."

나는 휴, 한숨을 쉬었다. 어제 밤 유혹을 뿌리치고 술 마시지 않은 것이 다행이었다.

김선우 시집을 읽었다.

기형도 전집과 함께 이번 수요일 독서회에서 다룰 책이다. 오늘 내일은 아무래도 시집과 함께 살아야 할 거 같다. 그녀의 시는 쉽게 젖어들지 못한다. 그것은 나의 한계였다. 그녀의 시보다 그녀 시집 뒤 표지에 벌겋게 써놓은 말들이 더 마음에 와 닿는 것은 시인의 마음을 제대로 헤아리지 못하기 때문이겠지. 그래서일까, 나에게 시인은 애증의 대상이다.

믿음의 동역자인 친구가 전화했다. 콩국수 먹자!

서리태 콩국수를 먹으며 친구와 어제 읽은 요한복음에 대하여 이야기했다. 나는 친구의 말이 듣고 싶었다.

"왜 예수님은 서로 사랑하라는 지극히 당연한 말을 새 계명이라고 일러주셔야 했을까?"

친구의 대답은 즉각적이고 명료했다.

"당연하지, 사람들이 어디 사랑하고 있니? 극단적인 이기주의, 나만 아는 세상이 비단 현재뿐이었겠어? 사람이 존재하는 곳에는 늘 그렇게 드러나게든 드러나지 않게든 물어뜯고, 질투하고, 남을 밟고 위에 올라서려고 하고, 남보다 잘 살려고 얼마나 아우성을 치고 사는지 예수님이 꿰뚫어보는 거지. 그래서 입이 닳도록 말하고 또 말하고 지겨울 정도로 되풀이 하는 말씀이지. 신약의 말씀을 요약한다면 그것 아닌가? 서로 사랑하라. 하긴 구약은 하나님을 사랑하라, 에 중점을 둔 것 같고"

나는 친구의 말에 안심했다. 코드가 비슷하니까 만나는 것이겠지만. 나의 완악함, 비열함, 유치함과 늘 도사리고 있는 죄성을 비추어 보건데 사람은 원래 악한 존재라고 생각한다. 그래서 철저하게 타인을 위한 삶을 살아가는 몇 몇 사람들을 우리는 숭앙하고 존경하고 있지 않은가.

포삭포삭한 하지 감자 한 포대가 생겼기 때문에 감자 샐러드, 알감자 조림을 만들고 저녁 특식으로 오리탕을 만들었다. 만들면서도 걱정 한 바구니였다. 이거 분명 안주감인데 이를 어쩌나. 아니나 다를까 결국 남편과 함께 소주병을 땄다. 딱 석 잔만 마시려고 했는데 예닐곱 잔은 마신 거 같다. 한 병을 안 채운 것이 다행이라면 다행이랄까.

막 자려는 순간, 미국에 사는 친구로부터 전화가 왔다.

쫄딱 망해서 미국간지 어언 이십년이 되어가는 친구는 그곳에서도 여전히 사는 것이 힘든 모양이다. 마치 연애하듯 한 시간씩 전화를 붙들고 늘어지던 친구가 나에게 미션한 가지를 주었다. 대학교 때 만났던 남자친구를 한 번 수소문해달라는 것.

"얼마 전 꿈에 보았는데 말이야. 어쩐지 죽은 것 같아. 생사여부라도 좀 알 수 없을까."

나는 그러마고 했다. 친구가 이름, 나이, 출신학교, 고향 등을 알려주었다. 나이가 쉰을 넘어가니 옛날 사람들이 하나 둘 그리운 모양이다. 아니, 어쩌면 청순하고 꿈 많았던 젊은 시절을 그리워하는지도 모른다.

　전화를 받고 나서 알려준 이름을 검색해 보았다. 한 사람이 떴다. 나이도 얼추 비슷하고 알려준 생김새와도 비슷한 것이 필이 왔다. 칼럼도 쓰고, 나름대로 성공한 인물이었다. 나는 물끄러미 그 남자의 사진을 들여다보았다. 적당하게 늙은 점잖은 얼굴이다. 그 남자의 기억 속에도, 스무 살 어귀에 잠시 만났던 내 친구가 아직도 저장되어 있는지 궁금했다. 술김에 옛날 나의 남자친구도 한 번 검색해 볼까 하다가 그냥 자리에 누웠다. 벽에 붙여놓은 야광별이 잠시 동안 빛나는 모습을 보았다. 한 때 별처럼 빛나던 아름다운 사람이 있었지.

기특하게도 5시에 눈을 뜨면 정신이 반짝 난다는 것, 그
것이 나의 기쁨이 된다. 어쩐지 하나님께로 점점 더 가까이
가는 것 같아서.

숭고한 기도 묵상.

오늘 날짜의 묵상에 정말 놀라운 구절이 있는 것을 발견했다.

> 우리는 하나님께 우리의 염려를 아뢰는데 시간을 많이 보냅니다. 물론 그것도 잘하는 일입니다. 우리가 그렇게 마음의 짐을 내려놓는 동안 하나님은 우리의 기도를 귀담아들으십니다.
> 그러나 기억할 점이 있습니다.
> 당신이 아뢰는 내용 모두가 하나님께 새로운 뉴스가 아니라는 점입니다. 하나님은 이미 그것을 모두 알고 계십니다. 하나님께서는 우주를 온전히 주관하고 계시는 분입니다. 하나님이 모르시는 가운데 어떤 일이 발생할 수 있는 가능성은 0.1 퍼센트도 없습니다.
> 기도할 때는 그러한 자각을 가지고 큰 확신으로 아뢰어야 합니다. 그러므로 담대하게 기도하십시오.

그렇구나. 내가 아뢰는 내용 모두는 하나님께 새로운 뉴스가 아니로구나!! 조금만 생각하면 너무도 당연한 사실인데 나는 미처 그렇게 생각하지 못했다. 맨날 이르는 기도는 빼먹지 않고 중얼댔던 것이다. 우리는 때때로 너무나 명약관화한 사실을 그냥 넘어가고 다른 것에 매달리는 경우가 종종 있다. 파란색 형광펜으로 밑줄을 진하게 그었다.

요한복음 15장. 어제에 이어 존대어 버전으로 묵상하면서 또 깜짝 놀람. 요즘은 왜 이렇게 새롭게 느껴지는 구절이 많은지 모르겠다.

나는 참 포도나무요, 내 아버지는 농부이십니다.
내게 붙어 있으면서도 열매를 맺지 못하는 가지는,
아버지께서 다 잘라버리시고,
열매를 맺는 가지는 더 많은 열매를 맺게 하시려고
손질하십니다.

여기에서 나는 열매를 맺는 가지에 대하여 계속 독려하시는 예수님의 마음을 읽었다.

손질하신다는 의미는 그 다음 구절의 '깨끗하게 하다' 와 그리스어 어원이 같다고 주가 달려있다.

나의 상황이 열매를 맺는 가지라고 한다면 하나님은 더 많은 열매를 맺게 하시려고 계속 깨끗하게 손질하신다는 말이었다. 그야말로 이것은 완전을 향하여 끊임없이 노력해야 한다는 말씀이 아닌가! 요즘 술독에 빠져 사는 나에게 일침을 주시는 말씀이라 생각하니 새벽부터 가슴이 따끔따끔 아파진다.

온종일 기형도 전집을 붙들고 늘어졌다.

이 세상에 없기에는 너무 젊은 얼굴이 책 표지에 있었다. 만일 요절하지 않았으면, 그렇게 그로테스크한 죽음을 맞이하지 않았으면, 주위에 - 지금은 많이 알려진 - 문우들이 없었다면, 과연 그렇게 빛이 났을까, 나는 회의한다. 어쩔 수 없는 일이라고 생각한다.

기형도는 매우 매력적이었고, 시니컬했고 그리고 빛나는 언어를 많이 가지고 있는 시인이었다. 이전에 대강 한 번 훑고 내일 독서회를 위하여 다시 한 번 연구차원에서 읽는데 힘들었다. 그것은 노동의 수준이어서 그러할 것이다.

옆에 두고 천천히 기억날 때마다 한 구절씩 음미해야 하는데 그렇게 하지 못했다. 그래도 마음에 남는 시가 많다. 사람들의 취향은 똑같은지 나도 '빈집'에 마음이 많이 간다. 평론을 찾아 읽고 프린트했다. 이것으로 내일 독서회를 위한 준비, 숙제는 끝났다. 속이 시원하다. 문학은 즐기는 것이지 공부하거나 연구하는 것은 아닌 것 같다.

책을 읽다가 문득 어제 미국에서 친구가 준 남자친구 찾기 미션이 생각났다. 다시 여러 군데 검색하여 그 사람의 인적사항을 좀 더 수집한 후, 장으로 있는 기관의 전화번호를 눌렀다.

비서가 받는 바람에 졸지에 동문회라고 거짓말을 한 나

는 가슴이 뛰어서 도무지 진정이 되질 않는다. 그렇게 해서, 편안하고 부드러운 음성의 남자와 십 여분을 통화했다. 내가 찾은 사람은 친구의 옛날 남자친구가 맞았다. 친구가 찾아 달래서요. 친구의 이름을 들은 남자는 흥분했다. 그 남자도 오래 동안 내 친구를 찾느라 고생한 이야기를 들려주었다. 남자의 휴대폰 번호를 받아 적으면서 생각했다.

나는 어째 평생 향단이 노릇만 하는지 모르겠다고. 옛날부터 그랬다. 누군가 사귀면 꼭 중간에 나를 넣어서 이리저리 싸움은 화해시키고, 당사자들이 말 못하는 사연은 전달해주고, 이쪽저쪽의 오해 풀어주고, 그렇게 성실하게 향단이 노릇을 했다. 그런데 아직까지도!

슬며시 웃음이 나왔다. 다 좋은 일이거니~ 그렇게 생각하기로 했다. 한국과 미국 그토록 멀리 떨어져 있으니 전화질이나 죽도록 하겠지 별 수 있겠나.

저녁에 문협 임원과 만남이 있다. 공식적인 술자리다. 소수의 인원이 모이므로 문학 이야기가 가능할지도 모른다는 기대가 나를 들뜨게 했다. 술과 문학은 떼어놓고 생각하기 힘들다.

나는 마치 늦은 저녁 외출하는 술집 여자처럼 온종일 뒹굴던 몸을 닦고 정성껏 화장을 했다. 기분이 묘했다. 가방

속 작은 파우치 속에는 피다 남은 에쎄 두 갑과 라이터, 그리고 가그린이 있다. 나는 그것을 보물처럼 보고 좋아한다. 날씨가 장난 아니게 덥기 때문에 온종일 에어컨을 켰다 끄기를 반복하고 있다. 밖은 마치 오후 2시처럼 따가운 햇볕이 제왕처럼 군림하며 모든 사람의 무릎을 꿇게 하고 있다. 그렇게 덥지만 않으면 천변을 천천히 걸어갈 텐데 도저히 엄두가 나지 않아 포기했다.

5시 뉴스를 귓전으로 듣는다. 폭염특보가 내려진 오늘의 뉴스는 온통 더위 이야기뿐이다.

독서가 좋은 피서법 중의 하나라는 것을 나는 인정한다. 기형도 때문에 오늘의 폭염을 어느 정도 견딜 수 있었다.

시인과 수필가와 소설가가 만나면 무슨 이야기를 할까.

시인이 여행이야기를 하다 문득 여행 산문집 하나를 주문했노라고 했다. 알고 보니 우리 선생님 산문집이었다. 소설가는 여행의 기록을 어떻게 남겼는가 보고 싶었다고 한다. 나는 그 책 속의 사진이 모두 선생님이 직접 찍은 것이라고 알려주었다. 두툼한 만큼 제법 읽을거리가 있다고도 - 은근히 - 홍보했다.

국내산 한우라고 원산지가 명기된 좋은 식당에서 모듬구이를 시키고 소주와 백세주를 취향대로 마셨다. 술을 제법 마셨는데도 밖은 쉽사리 어두워지지 않는다. 문학과 술과 밤, 이렇게 셋이 만나야 삼합처럼 기가 막힌 맛을 내는 것 같다. 나는 자주 블라인드를 걷어보면서 어두워지기를 기다렸다.

소설이 제대로 되지 않고 있다는 나의 하소연을 들은 시인이

"그렇다면 시를 한 번 써보시지요." 한다.

나는 물론 펄쩍 뛰었다.

"시 쓰다가 잘 안되면 수필도 쓰고 소설도 쓸 수 있지만 그렇게는 절대 안 되지요. 레벨이 틀려요."

나는 소설이란 잡문이고 소설 쓰는 인간은 결국 잡놈이라 불릴 만하다는 지론을 가지고 있었다. 세상의 여러 즐거움에 빠져 수필에 집중하지 못했던 지난 몇 년의 세월을 후회하는 수필가는 몰입에 대하여 말했다. 아, 글은, 문학은 얼마나 많은 대화거리를 제공하는지! 서로의 눈은 더욱 더 빛나고 있고, 목소리는 열에 들뜬 것처럼 자꾸 자꾸 높아지고, 할 말이 많은 가슴은 뜨거워지는 것을 보았다.

자정 너머 자리에서 일어섰다. 나는 많이 취했고 더 이상 같이 있다가는 펑펑 울지도 모르기 때문에 서둘렀다. 나는 몰랐는데 술을 많이(아주 많이)마시면 내가 운다고 소설 쓰는 문우가 나의 상태를 알려주었다. 그렇게 운 적이 두 번

정도 있었다. 울더라도 집에 가서 울어야지 하면서 얼른 헤어졌다. 요 근래 들어 최고의 음주량을 기록했다. 더구나 나중에 짬뽕을 했기 때문에 머리까지 아팠다.

깨질 것 같은 머리와 울렁거리는 가슴을 겨우겨우 달래 자리에 누웠다. 오늘처럼 취하면 하나님께 면목이 없다. 취하지 말라고 하셨는데. 하지만 하나님, 술은 취하라고 마시는 건데요? 나는 하나님께 살짝 주정을 부렸다. 모든 것이 별처럼 아득하다. 행복이라는 단어는 어울리지 않지만 참 좋은 시간이었고 나는 만족했다.

오늘은 5시 알람을 듣지 못하고 6시에 겨우 눈을 떴다.
푹 잤으면 좋겠는데 속 쓰리고 머리가 아파 절로 잠이 깨었
다. 몇 달 동안 그렇게 술을 많이 마시고 다녔어도 다음날

아침이면 말짱했는데 어제 과하기는 과했던 모양이었다. 진통제 먹고 쓰린 속을 계속 문지르면 오늘 독서회 준비가 어쩐지 미진한 듯 느껴져 기형도 전집을 다시 훑는데 이전에는 미처 발견하지 못했던, 멋진 시구가 있다.

나 가진 것 탄식밖에 없어

저녁거리마다 물끄러미 청춘을 세워두고

살아온 날들을 신기하게 세어 보았으니

그 누구도 나를 두려워하지 않았으니

내 희망의 내용은 질투뿐이었구나

질투는 나의 힘 中에서

어제 내가 시인에게 탄식한 그 질투심과 중첩되어 완전히 공감되어 무척 은혜(?)가 되는 시구였다. 독서회를 이끌어야 한다는 부담감으로 오늘은 영성의 시간이 늦어졌다. 술내를 풍기면서 숭고한 기도를 묵상했다.

하나님이 찾으시는 자들은 위인들이 아니라 자기들이 섬기는 하나님의 위대하심을 용감히 입증하고자 하는 사람들입니다. 오직 하나님! 오직 기도!

 기도를 드릴 때 중요한 것은 당신의 능력이 아니라 하나님의 능력입니다.

연약한 그리스도인들도 강한 분을 의지하는 것이므로 기도로써 강하게 됩니다. 오직 하나님! 오직 기도!

불신앙은 "어떻게 그런 어마어마한 일을 할 수 있는가?" 하고 말합니다.

온통 "어떻게"투성이입니다.

하지만 믿음은 만 개의 "어떻게"에 대해서 한 가지 위대한 해답을 갖고 있습니다. 그것은 '하나님!'입니다.

나는 책의 저자인 닉 해리슨의 이름에 다시 키스했다. 이런 귀한 보물을 선물하신 속초 선생님께도 마음속으로 감사를 드렸다. 나도 누군가에게 이 책을 선물할 것이다. 17,000원이라는 거금이 아깝지 않은 사람에게!

독서회. 여섯 명이 모였다. 회원은 열 명이다. 독서회를 하기에는 열 명 안짝의 인원이 좋다. 6~8명 정도가 적당할 듯하다. 독서회를 처음 온 신입 회원이 '너무도 설레어 가슴이 뛰었다'라고 말했다. 배운다는 것, 공유한다는 것에 대한 기대감을 지니고 사는 공주(공부하는 주부)들이여, 더욱 번창하시라!

2시간 동안 시종 진지하고 열띤 토론, 대화가 오갔다. 詩의 효용성에 대해서도 활발한 논의가 이루어졌다.

기형도는 천재라는데 모두 동의했다. 정끝별의 기형도 시 '빈 집'에 대한 애정 어린 댓글을 인쇄해 간 나는 그것을 읽어주었다. 시, 소설, 산문에서부터 노래, 작곡에 이르기까지 참으로 다양한 장르를 섭렵한 기형도. 시 속에 넘쳐나는 경이로운 시어들이 나를 꼼짝 못하게 만들었다. 항복, 기형도!

'빈 집'이 시인의 마지막 시라는 것도 처음 알았다. 1989년 봄 호 문예지에 실린 후 일주일 후에 느닷없는 그의 부음을 듣게 되었다고 정끝별은 회상했다.

회원들은 자기가 좋아하는 시를 돌아가면서 낭독했는데 서툴고 더듬거리는 낭독도 어찌나 감동적인지, 오히려 전문 시 낭송가가 읊는 것보다도 더한 감동과 순수가 느껴졌다. 열심히 참여하는 회원들의 눈빛이 – 진부하지만 이 단어를 쓰지 않을 수 없다 – 보석처럼 반짝였다.

다음 달에 다룰 책 두 권이 놓여있는 것을 보고 회원들 모두 좋아했다. 작년 겨울 회원들이 영풍문고에 모여 각자 고른 책들을 선별하여 이루어진 일년 독서 목록이므로 대개 회원들의 취향에 맞는 것들이다.

내가 고른 책인 '미친년'과 김훈의 산문집을 소중하게 가방에 넣어왔다. 미친년. '여자로 태어나 미친년으로 진화하다' 라는 부제를 달고 있는 책. 대강 짐작은 했지만 열정적으로, 자유롭게, 자신의 의지대로 사는 여자들의 인터뷰였다.

미치지 않으면 아무것도 이룰 수 없다(不狂不及). 그 안에는 내가 좋아하는 유니언신학대 종신교수인 현경도 끼어 있다. 나와 동갑인 현경. 몇 년 전 『결국은 아름다움이 우리를 구원할거야 1. 2』를 읽었을 때 나는 굉장한 충격을 받았다. 다른 사람에게도 그 책을 몇 번 권해보았지만 고개를 저을 정도로 파격적인 종교관(당시로서는)을 가진 그녀는, 미친년 소리를 들을 만큼 자신에 충실한 사람이다. 나는 그녀의 자유로움을 사랑한다.

책을 몇 장 넘기는데 필이 왔다. 내가 바라던 책들을 쓰는 사람도 이제는 종종 눈에 띈다. 감사했다. 이명희의 멘토인 현경, 다시 현경의 멘토인 합리적 페미니스트 글로리아 스타이넘까지 읽다가 잠이 들었다.

수요 저녁 예배에서 전 주에 이어 '하나님의 뜻을 발견하는 방법 2탄' 말씀을 들었다.

주의 뜻을 분별하는 우리의 동기는 '하나님의 뜻에 순종하고자 하는 이유에서 출발'해야 한다는 것을 전제해야 한다고. 아멘.

나에게도 그런 시절이 있었다. 오래 동안 누군가(필시 하나님이시겠지만) 내 손목을 꽉 붙잡고 소설을 못 쓰게 하는 것을 느꼈다. 어느 순간 그런 생각이 들었다.

나는 하나님을 이해할 수 없었다. 당선시켜 주셔서 소설가 만들어 놓으셨는데 왜 지금에 와서는 소설을 못 쓰게 하시는 것일까. 나에게 소설 그만 쓰라고 하시는 것은 아닐까? 아니야. 하나님이 나에게 그런 말도 안 되는 주문을 하실 리가 없어.

하지만 나는 찜찜했고, 무엇보다도 소설을 쓸 수 없으니 마음이 괴로워 죽을 지경이었다. 어느 새인가 내 비전의 세부사항 1번이었던 소설이 나의 생의 족쇄가 되어버린 것이었다.

교회 일 년 과정의 성인학교 열두 명으로 이루어진 그룹에서 개인의 비전 선포식을 했다. 나는 정성껏 비전을 작성했다. **나의 비전. 하나님을 알리는 사람!** 그에 대한 행동지

침이 바로 열심히 소설을 쓴다였다. 소설이 안 써지는 고통을 제외한다면 나는 세상에 부러울 것이 없었다. 그런데 이상하게도 소설 작업은 굉장히 힘들었다. 예전 같으면 몇 편씩 썼을 텐데 도무지 진도가 나가지 않는 것이 정말 이상했다.

그렇게 몇 달을 보낸 지난 3월 초였다. 속회 인도를 하다가 펑펑 울고 말았다. 하나님은 왜 나에게 소설을 못 쓰게 하시는 것일까요! 이렇게 열심히 노력하는데 도대체 왜!

나의 눈물 섞인 하소연을 들은 집사님이 조언을 해주었다.

"그럴 때 40일 금식기도(놀라지 마십시오. 한 끼 금식입니다)를 한 번 해보시지요."

나는 눈을 동그랗게 떴다. 교회 짬밥 먹은 지 사십년이 되어가지만 한 번도 금식기도를 해 본적이 없었다. 고난주간 성금요일 한 끼 금식도 그렇게 힘들었다. 게다가 나는 식탐이 충만한 스타일이었다. 그리고 일단 금식기도라는, 어쩐지 비현실적인 느낌이 드는, 불교적 냄새가 나는(나에게는 그렇게 느껴졌다. 백일기도, 정성을 다해 빌면 이루어진다, 그런 것에 대한 회의랄까) 명칭 자체도 그다지 마음에 들지 않았다.

나보다 열두 살 어린 젊은 집사님은 이렇게 조언해 주었다.

"저도 힘든 문제가 있어서 난생 처음 작년에 40일 금식 기도를 해 보았어요. 그랬더니 하나님이 답을 주셨어요. 금식은 그냥 밥만 굶는 것이 아니라 수시로 기도해야 한다네요." 나에게 아침 금식은 별 의미가 없었다. 아침은 어차피 잘 먹지 않는데 금식이라고 갖다 붙이는 것은 말도 되지 않으니까... 그렇다면?

"저녁 금식을 하세요."

나는 화들짝 놀랐다. 저녁 금식이라니. 그렇다면 40일 동안 음주가무는 끝난 것 아닌가! 그 많은 술자리, 회식은 어떻게 하고?

하지만 나는 아멘, 했다. 이렇게 소설 못 쓰는 고통을 당하느니 하나님께 매달리고 싶었다. 하나님께 올인, 바로 그것이다. 그런데 그보다 더 큰 걱정이 생겼다.

"근데요, 집사님. 만약 하나님이 소설 쓰지 말라면 나는 어떻게 하지요?"

나는 마치 어린아이처럼 물었다. 나보다 열두 살 어리지만 나보다 정신연령이 열두 살은 더 많은 것처럼 보이는 신실한 집사님이 다시 나에게 조언을 해주었다.

"그렇다면 권사님. 40일 금식하시기 전 이삼 일 동안은 기도의 응답을 순종하게 해달라고 먼저 기도하셔야 할 것 같네요."

아멘. 그렇게 해서 고통의 극치인 40일 저녁금식이 시작되었다. 아, 그 고통을 말해 무엇 하랴.

회식 자리에서 매운탕 국물 떠주는 사람으로, 남의 빈 술잔에 쪼르르 쪼르르 술 따라 주는 사람으로, 부부 동반 저녁 식사 모임에서 아무렇지도 않은 척 왕수다 떠는 사람으로 산 40일은 나에게는 십자가 고난이었다. 40일 동안 술을 마시지 않는다는 것은 대단한 의지가 필요했다.

저녁은 힘들었지만 그 외는 행복했다. 근 십 년간 매달렸던 소설에서 벗어나서 단 한 권의 소설책도 읽지 않고 인문, 예술, 종교 서적만 골라 읽었다. 나는 그 때 처음으로 자유를 느꼈다. 소설은 어쩌면 나에게는 또 하나의 바알이었는지도 모른다. 그런데 문제는 40일 금식이 끝났는데 하나님이 소설 쓰라는 메시지를 주시지 않는 것이었다. 아닌, 가, 보다...

하나님, 나를 아시잖아요. 초등학교 다닐 때부터 소설가가 되고 싶었는데, 그래서 나이 쉰이 다 되어서야 뒤늦게 소설가가 되었는데 몇 년 지나지도 않아 책 한 권도 발간하기 전에*) 그만두라니욧!!

나는 반항하고, 하소연하고, (40일 금식 끝난 후) 술만 마시면 혼자 이불을 뒤집어쓰고 울었다. 나는 절망했다. 4월 이후, 나의 달력 스케줄에는 온통 술, 술로 도배되어 있다. 그

허전함은 어찌할 수 없었던 것이다.

40일 금식 이후의 두 달은 마음의 갈등으로 무척 괴로웠다. 하나님의 뜻에 순종한다고 말했지만 나에게 가장 큰 기쁨이 되는, 제일 좋아하는 일을 그만 하라는 하나님이 얄밉고, 치사하다, 그렇게도 생각했다.

나에게 하나님은 약 올리기 명수이신 분으로 낙인찍혀 있다. 게다가 하나님은 머리가 어찌나 좋으신지, 내가 예상하는 수많은 미래진행표를 간단하게 뛰어넘어 아무리 생각해도 알 수 없었던 예측불허의 방향으로 몰고 가는데 일가견이 있는 분이시다.

나는 이상한 방법으로 하나님의 뜻을 헤아린다. 내가 이러이러하게 되기를 원합니다, 하고 기도하면 그 기도는 쏙 빼놓으시고 전혀 다른 것을 전혀 생각지 못한 방향으로 해결시켜주시는 것이다. 그러니까 내가 희망하고 기대하는 것들은 언제나 나의 예상치를 빗나갔다. 언제나 하나님은 메롱, 하는 모습으로 나를 놀리는 것이었다.

★) 그 후, 책이 일곱 권이나 발간되었다. 전적으로 하나님의 은혜였다. 순간마다 역사하신 그 놀라운 이야기들을 대체 언제 사람들 앞에서 풀어놓을 수 있을 것인가, 그 때를 기다리고 있다. 하나님의 때, 그 카이로스를!

게다가! 하나님은 나를 야단치는 데 명수다. 무엇인가 살짝 비양심적인 어떤 일을 하려고 하면 즉시 어디선가 나타나 근엄한 모습으로 꾸짖는다. 아니, 또!

그럴 때마다 나는 화들짝 놀라는 수밖에.

엊그제 콩국수를 먹으면서 믿음의 동역자인 친구에게 물어 보았다.

"하나님은 나에게 자비의 하나님, 사랑의 하나님이기보다는 무엇인가 나의 잘못을 야단치거나, 질책하거나, 벌주시는 분이라는 생각이 더 강한 것은 왜 그럴까?"

친구가 대답했다.

"그것은 너의 생각이 너무 자유롭기 때문이지. 그렇게 시시콜콜 시비를 걸고 야단치지 않으면, 그렇게 규제받지 않았다면 대체 어디까지 마구 흘러갔을 것 같아? 너의 무모함과 대책 없음과 자유 분망한 생각들을 세상의 그 누구보다도 하나님이 가장 정확하게 체크하고 계시는 거지. 반면 나에게 하나님은 굉장히 따스하고 포근하고 나를 꼭 안아주시며 위로해 주시는 분으로 다가오는 것은 나는 어쨌든 매우 도덕적이고 규율에 충실한 사람이니까(웃음)"

친구의 조언인즉슨 나의 사상과 행동들이 하나님을 그렇게 만들었다는 것이다. 아, 이런....

하지만 요 근래 새로운 변화를 맛보고 있는 것은 사실이다. 5월의 부흥회 이후 더욱 생각이 견고해져 가고 있는 중이다. 감히 완전하다고는 말하지 못하지만 그것은 '확신'이었다. 언제나 하나님은 나를 구석으로 몰아세우고, 위로는커녕 상처투성이인 내 삶에 보태준답시고(하나님, 죄송)니킥이나 해대는 것 같은 느낌으로 오랜 세월을 살았다.

현실의 대차대조표를 살펴볼 때, 세상 적으로 계산해본다면, 하나님은 나에게 주는 것에 대단히 인색하셔서, 무엇 하나 자랑할 것이 없게 만드셨다. 내 온 몸에 힘을 쪽 빼놓으시고 자, 이제 아무것도 없지? 그러니까 나만 의지해야 하는 것이야 하시면서 을러대는 것이다. (하나님, 또 죄송합니다)

그렇게 인식되었던 하나님이었는데 요즘에 와서야 하나님의 자녀인 내가 뭔가 실수하거나 잘못했다고 할지라도 뭐 그렇게 사생결단하듯 노여움을 내비치는 쪼잔 하신 분, 애정이 없는 분은 아니라는 확신이 왔다.

그것은 내가 아들에 대하여 무조건적인 사랑을 주는 것과 마찬가지 아닐까. 하물며 하나님이신데 내가 아들을 사랑하는 것에 비하랴. 눈에 넣어도 아프지 않다고 성경에도 적혀있지 않던가.

내가 너로 인하여 기쁨을 이기지 못하며, 이렇게 말이다.

오늘도 수요 예배는 완전히 은혜의 도가니였다. 하나님의 뜻을 발견하는 방법에서 중요한 것은 역시 기도, 말씀, 묵상인 것이다. 하나님의 뜻을 행하고자 하는 마음을 주시도록 먼저 구하라!

나는 7월 1일부터 일기를 쓰면서(물론 일기는 늘 써왔지만 또 다른 의미의) 이것이 하나님의 뜻이라는 확신이 왔다. 틈새, 라는 단어도 떠올랐다. 외형적으로나 내면적으로 신실한 그리스도인들이 쓴 은혜로운 책은 많다. 서점에 가면 거의 그런 책들이 도배되어 있다.

하지만 늘 넘어지고 회의하면서도 교회가기를 즐겨하고, 교회의 여러 부조리를 보지만 그래도 교회를 사랑하고, 마음은 원이로되 육신이 약하여 늘 넘어지기를 즐겨하는(?) 사람들에게는 멀고도 먼 이야기일 뿐이다. 본받고 싶기에는 그들의 신앙이 너무도 깊고 넓어 도무지 접근할 엄두를 못내는 것이다. 그리하여 틈새 공략으로 나를 쓰시는 것이 아닐까 하는 확신이 생긴 것이다.

수요 예배 말씀 중에서 목사님께서 성경 1독에 대한 자료조사 통계치를 알려주시는데 또 놀랐다.

기독교인(아마 개신교인이겠지) 중에서 평생(1년이 아니다!) 동안 성경 1독해본 사람이 전체의 22% 라는 것이다.

나에게 책을 가까이 하는 것을 즐겨하는 좋은 취미를 주셨고, 책과 늘 가까이 있기 때문에 성경책도 다른 교인들 보다는 훨씬 접근하기 쉬웠던 것, 이것 역시 전적으로 하나님의 은혜인 것을 새삼 깨달았다. 감사해요, 하나님.

　수요예배와 성가연습 시간 사이에 100주년 기념(우리 교회는 작년에 100주년을 맞이했다) 역사자료팀장인 장로님으로부터 미팅 소집 연락을 받았다. 교회 100년사를 집필하는 교수님을 면담하고 왔는데 자료수집, 마무리가 필요하다는 것이다. 나는 언제든 콜 하라고 했다. 작년 100주년 기념으로 발간된 *미담집과 같이 발간될 예정이었던 교회 100년사가 이제 겨우 마무리되어 가는 모양이었다.

　　*미담집 :『백년의 사람 백년의 사랑』이라는 제목의 교회 미담집은 100주년 기념사업위원회 역사자료팀의 이름으로 내가 집필한 책이다

5시 큐티.

나는, 아버지께서 세상에서 택하셔서 내게 주신 사람들에게 아버지의 이름
을 드러냈습니다. 그들은 본래 아버지의 사람들인데, 아버지께서 그들을 나
에게 주셨습니다. 그들은 아버지의 말씀을 지켰습니다.

[요한복음 17 : 6]

> 기도를 배운다는 것은 단순해지는 것을 배우는 것입니다. 어린 아이들이 어른 무릎에 앉고 싶어 할 때 아이들에게 형식을 요구하지 않듯이, 하나님과 나누는 대화를 복잡하게 만들어서는 안 됩니다.

나는 이 말씀에 거부감을 느꼈다. 아버지께서 세상에서 택하셔서, 라는 구절에서 그러했다. 결국 이 세상 모든 사람들을 하나님이 창조하셨음에도 불구하고 그 중에서 하나님이 세상에서 택한 사람들이 있다는 것이다. 그것은 신의 의지이지 사람의 힘이나 능력으로 되는 것이 아니지 않은가.

결국 세상 사람들은 이렇게 구분할 수밖에 없다. 하나님이 택한 사람, 하나님이 택하지 않은 사람.

나는 창조주 하나님이 피조물을 마음대로 하는 것에 대해 이의를 제기할 생각은 없지만 택함 받지 못한 사람들의 불평등에 대해서는 매우 불만이었다. 물론 그들은 하나님을 알지 못하기 때문에 택함을 받지 못했다고 해서 자신의 인생에 커다란 데미지가 있다고 생각하지는 않겠지만.

요한복음 3장 15절도 그렇다.

하나님이 세상을 이처럼 사랑하사 독생자를 주신 것은 세상, 즉 모든 사람을 의미하는 듯 보이는데(평등하게), 이는 저를 믿는 자마다 멸망치 않고, 하시면서 단서를 달아놓으셨다. 저를 믿는 자마다, 라고 말이다. 하나님이 주시는 성령이 없이, 어떻게 예수님을 주라고 시인할 수 있는가. 결국 믿는다는 행위 역시 하나님의 주권아래 있는 것이 아닌가!

나야 이미 하나님이 택한 백성 안에 끼어 몇 십 년을 살면서 구원의 기쁨과 함께 주님의 사랑을 듬뿍 받고 있지만 택함 받지 못한 딴 사람들이 가여워 어찌할 것이냐.

마음이 씁쓸하고 성경 읽을 기분이 안 났다. 마태복음에서는 악인과 의인에게도 똑같이 해를 주시고 비를 주신다고 하지 않았나? 믿음과 구원은 은혜로 되는 것이어서 자랑할 것이 도무지 없다고 바울도 말하지 않았나? 나는 은혜를 받지 못한 사람들에 대한 연민이 샘솟았다. 어쩐지 남의 복을 갈취한 것 같은 기분까지 들었다.

하나님, 이 세상 모든 사람들을 다 사랑하신다면서, 그들을 몽땅 택해주시는 것이 뭐가 어렵습니까?

시간이 훌쩍 지나가는 줄도 모르고 묵상에 빠져 있다가 도서관 관장님이 마련한 수상자 축하자리를 가기위하여 허둥지둥 도서관으로 달려갔다.

수필 강좌는 6월에 종강했지만 열성이 넘치는 회원들은

동아리를 만들어서 수업과 똑같은 방식으로(선생인 나도 없이) 공부하고 있었다. 불볕더위를 마다하고 모여 토론하는 모습이 그렇게도 기특할 수가!

이름도 내 블로그 소설접기 이름을 따서 '수필접기'동아리로 등록했다고 한다. 문밖에서 분위기를 엿보니 진지함의 극치를 달리고 있다. 살며시 들어가 마치 회원의 한 사람처럼 자리에 앉아 이십 분쯤 공부했다. 나도 내 차례가 오면 오늘 평가하는 회원 작품에 대하여 뭔가 한 마디 해주려고 했는데 반장이 그냥 넘어가 주었다. 쉬시는 김에 푹 쉬세요, 하는 뜻인가?

한정식을 좋아하는 관장님의 취향에 따라 수상자들과 관장님, 계장님과 함께 점심 식사를 했다. 회원들과 냉면 한 그릇 먹는 것이 훨씬 재미있고 속편하고 신나는데 좋은 밥상에서 마치 상갓집처럼 침울하게 밥을 먹었다.

어느 소설에서 읽은 기억이 났다. 싫은 사람과 잠은 잘 수 있어도 밥은 같이 못 먹겠다던. 영화배우 뺨치게 잘생기고 점잖고 순하디 순한 관장님이 싫은 것이 아니라 자리가 불편해서 그런 생각까지 했다.

점심 식사 후 회원들과 2차로 도서관 옆 숲속으로 갔다.

언덕에 있는 아담한 팔각정에 앉아 음료수 마시면서 오늘 다룬 수필에 대하여 부연설명해주었다. 이미 어느 정도의 경지에 오른 사람들이라 말하기 편했다. 결국 사유의 깊이가 관건이니라. 얼마만큼 생각의 우물을 깊게 파내려 가느냐..., 컵 하나 가지고 인생을 보여줄 수 있는 데까지 가야 하느니라. 그런 류의 조언이었다. 오늘 다룬 작품 중 하나가 컵에 대하여 쓴 것이기 때문에.

반장이 수풀에 들어가더니 풀잎 몇 개를 따온다.

"선생님, 이게 싱아에요. 박완서가 말하던 '그 많던 싱아는 누가 다 먹었을까'에서의 싱아요."

완전 서울뜨기인 나는 신기해서 싱아를 한참 바라보았다. 평범하게 생긴, 도무지 알 수 없는 풀잎이 싱아라고?

"신맛이 나는데 맛이 괜찮아요."

그래서 어수룩해 보이는 풀잎을 씹었다. 진짜 신맛이 느껴지는데 맛이 썩 괜찮았다. 거푸 몇 잎을 더 먹었다.

박완서 소설가는 싱아에 대하여 그렇게 긴 소설을 썼는데 그대들도 싱아를 먹었으니 싱아에 대하여 한 열장씩 써보라고 했더니 모두들 뒤집어졌다.

집에 와서 『미친년』을 다 읽어버렸다. 숨 가쁘게 읽을 수

밖에 없는 상황이었다. 매혹적인 그녀들의 삶. 나를 지키기 위하여 치열하고 맹수처럼 그렇게 독기를 내뿜으며 살아가는 모습들이 정말 인상적이었다. 거의 모든 문장을 밑줄 긋고 싶었다.

그중에서도 나는 현경의 글이 역시 제일 가슴에 박혔다.

행복한 여성이 되기 위한 조건은 무엇이라고 생각하는가?
현경의 대답:
1. 자기를 믿고 사랑하라. 내가 실수를 해도, 실패를 해도 나는 나쁜 년이 아니고, 부족한 년이 아니다. 자신을 자학하면서까지 반성하는 것은 위악이다. 내가 있고 남이 있는 것이다. 내가 행복해야 남도 행복하게 살 수 있는 에너지를 나눌 수 있다. 나의 잘못과 실수 때문에 나를 형편없는 인간으로 간주하는 반성은 암에 가깝다!!

아멘, 현경!!

(아, 나는 그동안 얼마나 나를 미워하고 싫어하다 못해 혐오하기까지 했던가. 매일 실수하고 뭔가 잘못 생각하는 나에게 얼마나 혹독하게 자아비판을 해왔던가! 그것이 늘 자신을 돌아보라는 성경말씀에 근거한다고 갖다 붙이면서 말이다)

2. 나의 창조성을 맘껏 발휘할 수 있는 일을 찾아 하라.
3. 나의 내면에서 가장 깊은 사랑을 꺼낼 수 있는 관계가 있어야
   한다.
   즉, 나 자신을 믿고 사랑하고, 나의 창조성을 발휘할 수 있는 의

미 있는 일과 함께 하면서, 가장 깊은 사랑을 나눌 수 있다면 행복하지 않을 이유가 없다. 산다는 것은 그런 조건들을 내가 만들어가는 것을 의미한다.

현경, 모두모두 아멘입니다. 윤진미의 인터뷰 제목도 참 마음에 와 닿았다. **내 딸아 너는 착하지 않아도 좋다.**

밤에 미국 친구로 부터 또 전화를 받았다. 그녀는 정말 착하지만 마녀 같은 일면이 있어 나를 매혹시켰다. 그녀는 내가 엊그제 향단이 역할을 해서 이어준 옛날 친구와 삼십 년 만에 전화통화를 했다고 한다. 그 길고긴 스토리를 무려 한 시간동안이나 세심하게 보고하는 것이 있다. 열아홉, 스무 살 때 만나 손 한 번 잡아보지 못한 사이였다고 하는데 그 남자는 감격에 말을 제대로 잇지 못하더라고. 그 남자는 친구에게 이렇게 말했다고 한다.

(전화를 받은 오늘 이 시간이) 나의 생애에 있어서 가장 행복한 순간입니다.

하나님께 감사드립니다(그는 교회에 성실하게 다니고 합창단에 있다고 한다).

그대는 나의 영원한 단 하나의 공주로 남아있습니다.

하하. 역시 첫사랑, 풋사랑은 그렇게도 아름다운 상처와 추억을 남기는가 보다.

나
의

기
도
는

단

한
마
디

5시. 기도의자에 앉았다. 머리가 맑지 못한 것을 느낀
다. 기를 쓰고 이틀 동안 술을 마시지 않았다. 오늘 저녁 교
회에서의 겟세마네 기도회를 진심으로 기다린다. 아름다운
시간이다.

요한복음 18장. 예수님이 잡히는 장면이다. 하지만 잘 읽어보면 일부러 잡히는 것처럼 보인다.

"니들이 누구를 찾니?

예수요!

그래? 내가 예수다.

그럼 잡아야지!"

이렇게 말이다. 대제사장 앞에서 심문받는 예수님이 경비병에게 존대어를 사용한 것이 참 흥미롭다.

내가 한 말에 잘못이 있다면, 잘못되었다는 증거를 대시오. 그러나 내가 한 말이 옳다면 어찌하여 나를 때리시오?

[23절 한 부분의 예수님 말씀]

제자들과 모인 사람들에게는 반말로 일관했는데 일개 경비병에게는 존대어를 쓰는 모습이 좀 이상하기는 하다. 왜 그렇게 번역했을까?

요한복음 저자는 베드로에 대해 인색하다. 베드로가 세 번 부인하는 부분 이후에 다른 복음서처럼 심히 통곡하였더라, 혹은 울었더라, 하는 부분이 없이 매몰차게 곧 닭이 울었다, 라고 앗싸리(?)하게 끝나고 있다. 베드로가 가슴을 치며 회개하는 장면이 나오지 않는 것이다.

그런 면으로 본다면 요한복음은 많이 절제되어 있다. 진중한 가운데 더욱 가슴을 울리게 하는 어떤 것들이 많이 내재되어 있다. 문장 자체가 위엄이 있고, 스토리 형식으로 이어가는 다른 복음서와 많이 구별된다. 그래서 공관복음에서 빠져 있는지도 모르겠지만.

38절: 빌라도가 예수께 "진리가 무엇이오?"하고 물었다. 라는 구절이 있다. 내가 보기에 빌라도는 예수에게 진심으로 진리가 무엇이냐고 묻지 않은 것 같다. 일종의 빈정거리는 투가 느껴진다. 만약 비중 있는 물음이었으면 예수님의 신실한 대답이 나왔을 것이다. 아니면 예수님이 대답을 거절했다, 아무 대답도 하지 않으셨다, 정도로 끝을 맺어야 할 것이 아닌가. 그런데 쌩뚱맞게도 그냥 진리가 뭔데? 하면서 비아냥거리는 듯한 말투로 끝나버렸다.

빌라도가 진리를 알고 싶었으면 예수를 풀어놓고 진지하게 대화할 수도 있었을 테지만 내가 보기에 빌라도는 하나님이 택한 백성이 아니기 때문에 진리 자체에 흥미도 없고, 알고 싶지도 않고, 예수에 대하여도 귀찮게 생각했던 것 같다. 진리 언급 이전, 예수님과 빌라도의 대화를 보면 서로 핀트가 안 맞아 동문서답하는 것처럼 보였다.

빌라도는 예수님의 말을 들으면서 말이 안 통한다고 생각했을 것이고, 예수님은 빌라도에게 굳이 자세하게(제자들에게처럼 부연 설명을) 알려줄 필요를 느끼지 않았던 것 같다. 어차피 빌라도의 역할은 유다의 역할처럼 미리 정해진 것이었으므로.

예수를 판 자는 분명 유다인데 '빌라도에게 고난을 받았다고' 굳이 사도신경에까지 비열한 이름으로 적혀 이천 년 넘게 온갖 욕을 먹는 빌라도는 또 무슨 죄인지 모르겠다.

알쏭달쏭 성경말씀은 그냥 마음에 품고 있으면 언제인가 성령님이 나를 도와주셔서 환히 알게 해 주실 것을 믿습니다.

기도회를 기다리는 오후.

나는 지금 교회에 가기 위하여 축제를 기다리는 것 같은 기대감과 설렘으로 준비를 하고 있다. 저녁 식사를 같이 하지 못하게 된 남편의 아쉬워하는 표정을 보면 살짝 마음에 걸리기는 하지만 나는 지금 마음이 급했다. 축제가 기다리고 있고, 그 시간이 다가오고 있다는 것에 흥분한다.

이십 분쯤 일찍 교회에 도착했다. 예배당에는 몇 사람만 앉아있었다. 찬양 인도를 맡은 분들이 리허설을 하고 있는 앞자리를 찾아가 앉았다. 순서를 정하고 노래를 불러보는 어수선한 분위기다. 하지만 나는 개의치 않는다.

시끄럽고 조용한 것이 나에게는 별로 구분되지 않는다.

그곳에 예배당 안이라면, 아니 교회 안이라면 나는 그냥 좋다.

마음을 집중하고 눈을 감았다. 소란하던 소리들이 점차 잦아들면서 내면에서 울림이 들려왔다. 주님.

나는 마음속으로 속삭였다. 어떤 애통함이 나를 에워싸고 있는 것을 느꼈다. 나는 힘들었다. 주님만이 나를 수렁에서 구해주실 분이라는 것을 꽉 붙들고 있는 나의 가슴에 뭉쳐있던 어떤 설움이 쏟아져 내리는 것 같았다. 또 주르르 눈물이 흘렀다. 나는 얼굴을 두 손으로 감쌌다. 아무에게도 보여주고 싶지 않고 누군가 나를 보고 있다는 것을 의식하고 싶지 않았다. 그곳에는 나와 주님만이 있다, 그렇게 느끼고 싶었다.

쉴 새 없이 눈물이 흐르기 시작했다. 주님. 나는 마음속으로 주님을 불렀다. 그것이 기도인지 아닌지 모르겠다. 터져 나오는 울음을 참을 수 없었다. 나는 흐느꼈다. 솔직하게 말한다면 아버지가 돌아가셨을 때도 그처럼 울지 않았던 것 같다. 나의 삶이, 지금 나에게 주어진 상황이, 그곳에서 나를 그 어떤 곳으로(아마 좋은 곳이리라, 어떤 축제의 장소이리라) 이끌어 주실 하나님의 손길을 기다렸고, 그 간절함은 눈물이 되어 계속 흘러내렸다.

나는 슬프면서도 한편 행복했고, 어떤 상실감에 사로잡히면서도 완전한 어떤 것을 느꼈다. 이 이분적인 감정을 어떻게 표현해야 좋을지 모르겠다.

나는 너무 외로웠으며 또 한편 꽉 찬 완전함을 느꼈고, 피가 흐르는 듯한 고통과 결핍감으로 내 심령이 부르짖는 것과 어떤 따사로운 손길이 나의 눈물을 닦아주는 것을 동시에 느꼈다. 주님. 나의 기도는 단 한 마디였다. 주님.

두 시간의 집회는 감동적이었다. 나는 이 시간을 축제처럼 보내기 위하여 온 몸과 마음을 집중했다. 그리고 그 시간은 행복했다. 금요 겟세마네 기도회에 하나님이 임재 하셨다. 그렇게 나는 확신한다.

자정 가까이 집에 와서 아주 평안한 마음으로 커피 한 잔 마셨다. 축제의 끝에는 술이 있어야 하는데요, 하고 나는 하나님께 농담을 했던가?

5시 묵상에서 선물 같은 문장을 발견했다.

하나님은 당신에게 이렇게 말씀하십니다.

"너는 다 끝났다고 생각하고 있지. 너는 네 상황밖에 볼 줄 모르는구나. 실패하고 망하고 아무 결과도 거두지 못했다고…. 그래서 '이젠 끝장이다'라고 말하고 있지. 하지만 내가 볼 때는 그것이 시작이다!

네게 부어주려고 하는 상을 나는 지금 보고 있다. 너를 위해서 좋은 것을 예비해 두고 있다. 그러니 이제 그만 징징거리거라!"

징징거리려고 마음먹고 앉아 있다가 깜짝 놀랐다. 하나님은 참, 새벽부터 나를 놀래키시네.

이리저리 자료를 찾고 있던 중 흥미 있는 기사를 발견했다. 오늘은 발견의 날인가보다.

자신이 '주초문제에 자유롭다'고 밝힌 어느 유명 목사의 기독교 신문 기고문 중에서의 일부이다.

'주초문제에 자유롭다'는 말을 내 나름대로 해석하기에는 본인의 자율적인 행위 안에, 그러니까 본인의 의지로 주초를 장악하고 있다는 뜻으로 들렸다. 그것이 바로 나의 바람이다. 술을 마시지만 나의 의지에 따라 안 마실 수도 있고, 담배는 피우지만 중독이 되어 생활에 폐해를 끼치는 순간까지 진도 나가면 좋지 않다는 의미가 되겠다. 요즈음의 나를 이 관점에 비추어 점검해보자면 담배는 나의 스스로 규제가 되는 반면, 술은 기대에 못 미친다. 어느 순간이 되면 술을 마시고 싶은 욕구가 일어나는데 그것은 매우 잦다. 일주일에 한 번 정도 기분 좋게 술 마시는 정도로 나를 규제하고 싶은데 각종 모임이나 만남이 그것을 매우 힘들게 한다. 반성할 부분이다.

그의 논지를 살펴보면.

기독교 윤리에서는 비본질적인 것, 중립적인 것이라는 아디아포라 (adiaphora)를 매우 중요한 주제로 취급하여 왔다. 어떤 신학자들은 성경에서 적극적으로 금하고 있지 않는 것은 선과 악 그 어디에도 속하지 않는 것이기 때문에 그리스도인은 자유를 누릴 수 있다고 말한다.

루터를 비롯한 루터파 신학자들, 그리고 최근에 들어 비본질적인 것에는 자유를 누린다는 라인홀드 니버 교수가 바로 이런 입장이다.

술 담배의 문제가 하나님의 영광과 이웃의 유익에 기여할 것인가 아닌가를 항상 살펴야 한다. 즉 기호품으로서 술과 담배를 즐기는 문제는 한국 교회 전통과 공동체에 속한 형제의 유익과 하나님의 관점에서 판단해야 한다.

하나님은 주초잡기가 생의 어떤 규율을 깨뜨리지 않는 범위에서는 별 잔소리 안하실 것 같은데 전통과 형제의 유익에서 문제가 되는 것 같다. 형제의 유익을 위하여 내가 굳이 속회의 노권사님들께 제가 술 담배를 아주 좋아해요, 라고 말하지 않고 얌전히 있는 것이 아닌가. 하지만 교회에 계신 수많은, 나를 아는 분들이(친구들이야 나를 잘 알지만) 나의 커밍아웃을 보고 기함을 하면 참으로 난처한 일이 아닐 수 없다. 그런 면에서 위의 목사의 발언은 참으로 용맹스럽다고 칭찬을 해주어야 할지 어떨지.

원래 전통이라는 것이 어느 종교나 막론하고 사람의 자유를 옥죄이는 구실을 한다. 어느 면에서는 일치감을 줄 수도 있고, 동질성을 느끼면서 서로 독려할 수도 있겠지만 전통도 시대에 따라 변해야 하지 않는가. 전통으로 매어 놓아서 많은 사람들의 전도에 방해가 된다면 세태를 잘 파악하여 매어 놓은 것을 풀어주는 결단도 필요할 것이다. 하지만 고양이 목에 누가 방울을 달 것인가.

과거 신학자는 이신득의(以信得義)는 디아포라(diaphora)로 보았으나 예배의식, 성상, 성직자의 예복 등은 아디아포라의 문제로 간주하였다. 당연하지 않은가.

모르겠다. 지금 상황에서는 라인홀드 니버의 기도문이나 다시 읊는 것이 정신건강에 이로울 것 같다.

하느님(하나님, 하느님의 칭호에 대하여 민감하게 반응하지 말았
으면 좋겠다)

우리가 변화시킬 수 없는 것들은
그저 평온한 마음으로 받아들일 수 있도록
은혜 주시고,

우리가 변화시켜야 하는 것들은
우리가 그것을 마땅히 바꿀 수 있도록
용기를 주시옵소서.

그리고,
우리가 그 두 가지의 차이를 분별할
지혜를 주시옵소서.

아멘, 라인홀드 니버 교수님, 아멘, 아멘!

예전에 아는 집사님의 권유로 MBTI 라는 성격검사를 받
은 적이 있는데 나는 INTP 유형이라고 나왔다. 짧게 요약된
결과물에 나의 성격은 이렇게 설명되어 있었다.

논리적인, 회의적인, 인지적인, 초연한, 이론적인, 정확

한, 독립적인, 독창적인, 자율적인, 자기 - 결정에 의한.

거의 맞는다. 초연과 독립과 독창과 자율과 자기 결정은 다 비슷한 말이 아닌가! 한 마디로 내 맘대로 하는 꼴통이라는 것이다. 이런 성격으로 나온 사람의 비율은 검사자의 1%라고 한다. 하긴 세상에 꼴통이 많으면 안 되겠지.

나의 꼴통 기질을 잡을 분은 단 한 분, 바로 하나님! 하나님 밖에 없다는 것을 하나님은 아시므로 어느 순간에는 나를 꽉 조였다 슬며시 풀어주기를 반복하며 나의 삶을 리드미컬하게 조절하고 계시다는 것을 나는 익히 알고 있다.

친구 부부들과 야유회 가는 일이 자꾸 꼬이는 바람에 줄줄 새는 시간이 아까워 모처럼 가스펠을 치며 놀았다. 어제밤 겟세마네 기도회 때 부른 노래가 너무 좋았는데 제목을 알 수 없어 찾지 못하는 것이 너무 약 올랐다. 복음성가집을 끈질기게 뒤진 끝에 그래도 한 곡은 찾았다.

주님 말씀하시면 내가 나아가리다
주님 뜻이 아니면 내가 멈춰 서리다
나의 가고 서는 것 주님 뜻에 있으니
오, 주님 나를 이끄소서...

비가 온다는 이유 같지 않은 이유(비가 오면 물가에서 더 재미있게 놀 수 있는데 말이다. 또 그 비 오는 운치는 환상일 텐데 오늘 여러 가지 꼬인 관계로 핑계거리가 되었다)로 결국 야유회는 취소되고 친구 부부 한 쌍과 함께 고기 먹으면서 낮술 마셨다.

얼키고 설킨 미묘한 문제들이 특별 안주가 되어 술이 잘 먹혔다. 결국 대낮에 각 일 병씩.

4시도 안되어 집으로 돌아오니 마음이 허무해져서 미장원에 갔다. 석 달 넘게 머리카락이 맘대로 자라도록 내버려두었더니 제법 길게 내려왔다. 생각 같아서는 젊은 시절처럼 길게 기르고 싶었지만 꾹 참고 머리를 다듬었다. 거울을 보니 발그레한 나의 얼굴이 보인다. 혹 술 냄새가 날까하여 양치질도 정성껏 했지만 나의 담당 헤어디자이너 선생님(서태지처럼 멋진 젊은 남자이다)은 눈치를 챈 것 같다. 나는 입을 꼭 다물고 한 시간을 버텼다. 힘들었다.

밤에 미국 친구가 전화해서 또 다시 경과보고를 하는 바람에 나는 회사 과장처럼 보고를 받았다. 삼십년 만에 목소리를 들을 옛사랑의 두 남녀, 이것들이(미안) 글쎄 날마다 한 시간씩 전화질을 하고 있다는 것이다. 한참 힘든 시간을 보내고 있던 친구의 목소리에 생기가 도는 것이 듣기에 좋았다. 열심히 들어주다가 내가 한 마디 했다.

"미국에 떨어져 있는 것이 참 다행이다. 한국에 있었으면 일 났겠다."

친구가 큰소리로 웃으며 말했다.

"하나님이 짱구냐, 그럴 줄 알고 나를 이렇게 멀리 보냈나봐."

누워 생각하니 오늘 하루도 참 즐거웠다. 하나님께 감사 기도를 드렸다. 하나님, 저에게 자유를 주셔서 감사드립니다. 허락해 주신 자유를 방종에 빠지지 않게, 죄 속으로 스며들지 않게 잘 누릴 수 있도록 저를 지켜주십시오.

오늘 주일 예배의 찬양곡은 〈감사의 노래〉였다.

저 밝은 해 비칠 때, 모든 만물 깨어 주님을 찬양해
주 행하신 놀라운 일 모두 감사드리라
큰 소리로 주 찬양해 모두 주께 감사드리자!

중간 중간 바이올린이 멋지게 간주를 넣어주니 찬양이 더욱 빛났다. 오늘도 예외 없이 입당송을 부를 때부터 '울컥 증상'이 났다.

나는 교회가 좋다. 이 예배당이 좋고, 저 십자가가 좋다. 교인들이 성경책을 사락사락 넘기는 소리, 두 손을 모으고 기도하는 모습, 목사님의 전심이 담긴 말씀, 다 좋다. 좋다 뿐인가 가슴 깊숙한 곳에서 평화가 찾아오는 것을 느낀다. 하나님께 간구하는 마음 애통한 마음이 가득하여 비록 눈물로 시작하지만 끝날 즈음이면 미소가 저절로 지어지는 예배가 좋다.

주보를 보니 오후 예배 인도가 부목사님이시다. 땡땡이 쳐야겠다는 필이 강력하게 왔다. 아무에게도 말은 하지 않았지만 나와 잘 맞지 않는 분이다. 허공을 치는 것 같은 설교를 듣노라면 나도 그냥 공중에 붕 떠있게 된다고나 할까. 그것은 연륜이 적은 것이 이유가 되지는 못할 것이다. 진정성이 (별로)느껴지지 않는 말씀을 내 마음을 이리 달래고 저리 달래면서 억지로 들으면서 한 시간 고통당하고 싶지 않다.

해서, 간만에 1부 예배만 마치고 집으로 왔다. 오늘은 정말 편하게 쉬는 안식일이 될 모양이다.

요즘 재미 붙인 낮잠을 두 시간이나 아주 편안하게 자고 일어나니 기분이 좋았다. 책장을 뒤지다가 우연히 옛날의 황동규 시집을 발견해 반가운 마음에 몇 장 넘기고 있다. 내 안목이 달라졌는지 예전보다는 훨씬 마음에 다가온다. 이것이 발전이라는 것인지는 모르지만. 특히 이런 구절 같은 것은 나를 소름끼치게 했다.

　고통, 덜 숨찬 슬픔 / 원고의 번역을 밤새 따라다니는 / 합창 같은 자유...

　〈철새〉의 첫대목이다. 정말 화려하지 않은가.

　내 블로그에 옛날 사진도 두 장 찾아 올려놓고, 좋아하는 음악 들으면서 느긋한 오후를 보냈다. 음악을 찾다 오랜만에 레너드 코헨까지 듣게 되었다. 아이고, 오랜만이네, 코헨! 음유시인같이 읊조리는 노래를 들으면서 시를 읽으니 천국이 따로 없다. 결국 새벽 2시 넘어서까지 음악에 취해 있었다.

　하나님 보시고 약간 까칠하게 느끼실지 모르지만 나는 사람보다 책이, 음악이, 술이, 담배가 좋다. 내가 마치 연애하는 것처럼 가슴 설레며 교회에 가는 것도 비슷할 것 같다. 교회를 올라가는 제기동역 1번 출구 지하철의 돌계단까지 사랑스럽다. 낮은 언덕길에 오를라치면 저만큼 애인이 서 있는 것처럼 심장 박동 수가 빨라진다.

어느 날은 아무도 없을 때를 기다려 교회 외벽의 벽돌을 하나하나 더듬어 본 적도 있다. 그 느낌이라니! 예수님의 숨결이, 하나님의 은은한 사랑이 햇볕에 잘 구워진 벽돌처럼 따스하게 가슴으로 스며들었다. 교회 안에 있는 모든 사물은 나를 감격시킨다. 잘 마른 빨래처럼 티 없이 아름다운 공간!

오늘 종영된 '신의 길 인간의 길'을 마음먹고 시청했다. 방영에 앞서 한기총 대변인이 성명서 비슷한 것을 초두에 연설했는데 교회 짬밥 삼십 몇 년인 나에게도 별로 설득되지 않았다. 오늘 설교 말씀 중에도 매스컴에 대하여 조금 언급하셨기에 나는 최대한 이성적으로 보려고 노력했다. 나에게는 그다지 이슈적인 것이 없었다. 신앙은 누구에게나 진리라고 말할 수 없다. 그것이 진리라고 믿는 사람이 그 종교의 신자가 되는 것이 아닐까.

조로아스터교의 영향을 받아 요한복음 등 신약의 토대가 되었다는 것은 알고 있는 사실이었고 고레스 왕이 메시아로 표현된 것도 구약에 나와 있는 말씀이었으므로 별로 놀랄 일이 없었다. 문제는 성경 무오설처럼 성경을 자귀 그대로 믿는 것에서 오는 오류라고 봐야 할 것이다. 흐름과 문맥, 그리고 시대상황을 잘 파악해야 당시 예수님의 말씀이나 그 외 성경 말씀을 잘 이해할 수 있지 않나?

이번 기획물은 매우 복잡해 보이지만 실은 그렇지도 않다. 누가 뭐래도 나는 예수님이 좋고, 하나님이 좋고, 그리고 교회가 좋다. 크로산의 책을 읽었다고 해서, 도올의 강의를 듣는다고 해서, 오강남 교수님의 각종 서적을 매우 좋아한다고 해서, 나의 믿음이 엷어진다고는 절대로 생각하지 않는다.

예수님은 우리의 결박을 푸시고 자유를 주러 오셨다. 사람은 최대한 자유로워야 할 대전제를 가진다. 별 감흥 없이 마지막 회를 보고 다시 음악을 들었다.

레너드 코헨의 곡 중에서 '할렐루야'라는 곡이 있다. 정말 은혜로운 곡이다.

그의 다른 노래 가사 중에도 'Lord' 혹은 'God' 라는 단어가 많이 나온다. 그러고 보니 다른 팝송에서도 하나님, 예수님을 언급하는 노래가 무수히 많다. 그 쪽 사람들의 삶의 기조에 뿌리박혀 있는 튼실한 신앙이 부럽다.

내가 좋아하는 크리스 크리스토퍼슨의 'Why me, Lord.' 라는 곡은 나를 다섯 시간이나 울게 만든 적도 있었다. 그때, 노래를 듣는데 계속 눈물이 나왔다. 쉴 새 없이 눈물이 흐르는 바람에 (도서관이었는데) 하는 수 없이 짐 싸들고 집으로 와 문 닫고(항상 집에 같이 있는 남편이 내가 울면 무슨 일이 잘못되었나 하고 걱정하므로) 실컷 울었다.

은혜를 같이 나누기 위해서 가사를 소개한다.

why me Lord

why me Lord, what have I ever done
to deserve even one
of the pleasures I've known

thell me Lord, what did I ever done
that was worth loving you
or the kindness you've shown

Lord help me Jesus, I've wasted it so
help me Jesus I know that I am
now that I know that I've need you so
help me Jesus, my soul's in your hand

tell me Lord, if you think there's a way

I can try to repay

all I've taken from you

maybe Lord, I can shou someone else

what I've been through myself

on my way back to you

Lord help me Jesus, I've wasted it so

help me Jesus I know what I am

now that I know that I've need you so

help me Jesus my soul's in your hand

주님

제가 아는 행복을 즐길만한

어떤 일을 내가 한 적이 있는지요

말해주세요. 주님

내가 당신이 보여준 친절에 보답하거나

당신을 사랑할 가치가 있는 어떤 일을 한 적이 있는지

말입니다.

주님, 도와주세요.

모든 걸 낭비했습니다. 내 자신을 내가 잘 알고

있으니 나를 도와주세요.

 이제 당신이 너무나 필요한 것을 내가 알고 있으니

나를 도와주세요. 주님

내 영혼이 주님의 손에 있습니다.

주님으로부터 받아온 모든 것들을 제가 갚을 수 있는

방법이 있다고 주님께서 생각하신다면 저를 시험하십시오.

아마도 내가 다른 사람에게 내가 걸어왔던 길을

끝내고 당신에게 가고 있다는 걸 보여줄 수 있을 것

같습니다.

주님, 도와주세요. 모든 걸 낭비했어요.

내 자신을 내가 잘 알고 있으니

나를 도와주세요.

이제 당신이 너무나 필요하다는 것을 내가 알고 있으니

나를 도와주세요. 주님

내 영혼은 주님 손에 있습니다.

옮기면서도 가슴이 찡, 하면서 눈물샘이 마구 작동하려고 하는데 겨우 참았다. 노래 들으면서, 은혜 받으면서, 시 읽으면서 이렇게 밤 두 시 넘게까지 놀다 잠이 들었다. 하도 헤드폰을 오래 끼고 음악을 들었더니 귀가 멍멍할 정도였다. 내가 귀에게 말했다. 그게 귀호강이라는 거다.

즐거운 절망

시험의 '즐거운 절망'을 경험함으로써
죄인은 오직 하나님만 의지할 것을 배우게 되고,
그리스도의 십자가 안에서
알려진 바와 같이,
그리하여 외롭다함을 받게 된다.
시험은 그것이 우리로부터 모든 것을
빼앗아 간다는 점에서,
우리에게 오직 하나님만을 남겨둔다...

– 루터, 『십자가 신학』 中에서

14
일

코헨과 함께 작업을!

나는 오늘 묵상에서 엊그제 나의 기도의 해답을 찾았다.

'숭고한 기도'는 날마다 나에게 선물을 준다. 그것도 명품으로!

"기도에서 중요한 것은 입이 아니라, 느끼고 바라는 것을 제대로 표현할 수 없을 정도로 사랑과 진실이 가득 차 있는 마음입니다. 사람의 소원이 너무 강하고, 많고, 커서, 마음에서 나오는 어떠한 말과 눈물과 탄식으로도 그것을 다 표현할 수 없을 때에야, 우리는 비로소 소망하는 것입니다."
가장 훌륭한 기도는 말보다는 탄식일 경우가 많습니다. 말은 마음과 생명과 기도의 정신을 얕고 빈약하게 보여줄 뿐입니다.

존 번연

우리가 (기도할 때)말을 잊어버리는 이유는 마음이 말로 표현하기에는 너무나 가득 차 있거나 무거운 짐에 눌려 있기 때문입니다. ... 하나님은 다른 언어, 곧 마음 깊은 곳에서 우러나와 탄식을 자아내는 언어도 잘 알아들으십니다.

요즘 하나님은 내가 의아하게 생각하는 것들을 이렇게 금방 가르쳐주신다. 그러니까 기도회 시작하기 전 예배당에 홀로 앉아 하나님 앞에서 고개를 숙이고 그렇게 탄식하며 울었던 것도(말 한마디 못하고 겨우 주님 몇 번 되뇌이던, 그 마음을) 하나님은 다 잘 알아들으셨다는 표시를 이렇게 책을 통해 확연하게 드러나게 보여주신 것이다. 하나님, 감사합니다. 나는 이렇게 즉각적인 하나님의 응답을 왜 이제까지는 듣지 못했는지 그것이 오히려 궁금해졌다.

오늘 월요일, 마치 교역자도 아니지만 느긋하게 게으름을 피우면서 새벽 5시 시간을 고수하지도 않고 놀다가 7시가 넘어서야 비로소 기도시간을 가졌는데 기분이 아주 업되는 느낌이었다. 남편이 TV를 켜지 않기에 잘되었다 하고는 볼륨 크게 높이고 레너드 코헨 전집을 몽땅 듣고 계속 되풀이해서 들었다. 그렇게 무려 4시간 동안이나 들으면서 작업했다. 좋은 노래 들으면서 글 쓰는 작업을 하니 진도도 잘 나가고 오늘 모든 것이 너무 순조롭게 잘 되어 간다. 코헨의 노래는 질리지 않고 들을 수 있는 명곡들이다.

아들 와이셔츠 열 장, 바지 두 벌 다림질. 다림질 하는 시간은 꼭 남편과 대화를 하게 된다. 생활언어 말고 대화 말이다. 어제 본 신의 길, 인간의 길에 대하여. 그리고 요즘 우리 교회의 신앙형태에 대하여 조금 이야기를 나누었다. 수요일 저녁과 금요일 밤 교회에 가는 것에 대하여 남편과 아들의 불만이 이만저만이 아니었다.

많지도 않은 세 식구가 저녁에 오붓하게 모여 같이 저녁도 먹고 이야기도 하고 즐거운 시간을 보내고 싶은데 혼자 교회에 간다고 가버리니 두 남자, 맥이 빠지는 모양이었다.

하긴 엊그제 간만에 서로의 얼굴을 본 아들이 아이구 오랜만입니다, 하고 인사를 하더니

"엄마, 여기가 화장실이야. 오랜만이어서 구조를 잊어버렸을까봐."하면서 놀렸다.

하도 얼굴을 볼 수 없어서 친구들에게 '우리 엄마 해외여행 갔다'고 말하려고 했다나.

수요일, 금요일은 교회 일 때문에 저녁을 비우게 되지만 꼭 그날만 저녁을 비우게 되는 것은 아니기 때문에 어떻게 하다 보니 일주일에 서너 번 이상을 저녁에 외출을 하게 되었다. 오죽했으면 아들 밥 차려주려고 번개를 11시에 때릴까.

남편은 교회에서 허구헌날 사람들을 불러내는 것은 가정을 소홀히 하는 것을 조장하는 일에 다름 아니라고 언성을 높였다. 교회는 일주일에 한 번 주일에 가는 것이지 한국처럼 매일 새벽기도, 수요예배, 금요 기도회, 속회 예배, 이렇게 수많은 일거리(직분)를 맡겨주어 나오게 만드는 것은 절대로 바람직하지 않다는 것이다.

맞는 말씀이다. 그것은 교회가 풀어야 할 숙제이다. 집

에서도 경건생활을 잘 할 수 있게끔 교인들의 신앙이 성숙되고 자립심이 높아지면 굳이 몇 시간 걸려 교회에 와라가라 이것 해라, 저것 해라 하면서 명령하지는 않을 것 같은데 또 모르지.

나는 하나님께 몰입하고 싶다. 하지만 그것이 교회에 몰입하는 것과 동일한 의미는 될 수 없다고 생각한다.

나는 예수님을 사랑하고 교회를 사랑하지만 교회의 방침에 무조건적인 예스맨으로 일조를 하고 싶지는 않다.

어제 방송에서도 그렇게 말했다. **생각하지 말도록 얽매는 것은 진정한 종교가 아니라고** 말이다.

지금 나의 상태는 일주일 내내 교회로 달려가(한 시간 반 거리의 교회를! 승용차로 24킬로이지만 버스 전철을 타면 30킬로는 될 것 같다) 새벽기도회를 하고 싶고, 매 집회마다 열정적으로 참여하고 싶고, 하다못해 아무 일이 없는 날도 홀로 교회 지하기도실에서 기도하고 싶은 심정이다. 나, 미쳤나?

하지만 교인들이 맨날 교회로 달려가서 은혜만 받으면 어떻게 되나? 집안 살림은? 아이들 돌봄은? 시댁, 친척 경조사는?

교회가, 교회 행정이, 목회자의 마인드가 좀 더 현명해졌으면 좋겠다. 예수님이, 성령님이 주시는 지혜로 말이다.

황동규 시집을 읽고 있다. 시인의 뇌 속에 들어가 구경 좀 하고 싶다. 그 황당한 전개는 어떻게 생성되는지, 그 끝없는 비약은 어디서 비롯되는지, 가슴을 송곳으로 뚫는 듯한 날카로운 언어들은 대체 어떻게 직조되는지...

20년 전에 나온 시집인데도 나에게는 깊숙하게 흡입되었다. 낮잠을 자는데 내가 시인이 되는 꿈을 꾸었다. 그것은 진짜 나의 꿈이다. 어디 가서 시인 소리 한 번 들어보는 것. 소설가는 어쩐지 잡스럽고 시인은 고매한 인격의 소유자 같아서. 빨리 꿈을 깨야겠다.

해가 뉘엿뉘엿 넘어가는 모습을 보고 산책을 결심했다. 남편에게 같이 가자고 꼬드겼더니 주섬주섬 옷을 갈아입는다. 해는 졌지만 날씨는 여전히 폭력적이었다. 남편이 동행하지 않으면 휴대폰에 내장된 음악 99곡을 들으면서 커다랗게 한 바퀴 돌려고 했다. 예전에는 내가 음악 밑에 폭삭 눌려있는 느낌이었는데 요즘 나의 상태는 음악을 여유롭게 즐길 수 있는 경지이다. 업그레이드 두 단계 정도?

몰입과 관조를 좀 더 편안하고 자유롭게 넘나들고 싶다. 음악, 책, 술, 담배, 소설, 그 외의 모든 작업에 대해서, 그리고 친구 관계나 온갖 사색과 슬픔까지!

비상금 만 원 가져 간 것으로 산책하고 돌아오는 길에 홈플러스에 들렀다. 내가 사고자 하는 품목은 빵 단 한가지였는데 우량주부인 남편이 우유와 초콜릿을 덧붙인다. 우유는 선식을 타 먹기 위하여, 그리고 초콜릿은 당이 떨어질 때를 대비한 비상약의 용도이다. 나는 한 가지를 살 때마다 덧셈을 하느라고 꽤나 땀을 흘렸다.

산수나 수학은 나에게 명왕성처럼 멀다. 소싯적 이야기이긴 하지만 옛날 예비고사를 보던 때가 생각난다. 수학은 필 오는 대로 3번을 쭉 마킹하는데 시험 감독하던 어떤 녀석(감독관이라는 존경심을 갖게 하지 않으므로 이런 명칭을 사용해도 나는 별로 미안하지 않다!)이 그러한 나의 행태를 보더니 드러내놓고 경멸하는 것이다. 수험생에게! 세계 명작 소설과 지은이를 마구 흩어 놓은 문제 100개쯤 내면 겨우 서너 개 맞출 것 같은 녀석이 말이다. 하여튼 어수룩하게나마 손가락 다 동원하여 열심히 더하고 더하는데 남편이 자꾸 예상 밖의 물품을 마구 집어넣는 것이다. 내가 말렸다.

"만원 넘어가면 안 됩니다!"

"하여튼 넣어보고."

"카드도 안 가져 왔는데?" (실은 가져왔지만 절대 꺼내지 않을 결심이다. 요즘 가계부의 상황은 눈뜨고 볼 수 없으리만큼 처참하기 때문에!)

"내가 보태 줄게."

알고 보니 남편은 비상금이 든 지갑을 뒷주머니에 차고 왔던 것이다. 그 사실을 알게 된 나는 정신없이 사재기를 했다. 베이컨도 넣고 콜라도 넣고 두부도 넣고 고기도 넣고 과자도 몇 가지 집어넣었다. 카트가 수북해졌다.

내 돈 만 원에 남편이 내 돈의 네 배쯤 보태 계산을 마쳤다. 나는 미안해서 우리의 외상장부인 달력에 '만원' 이라고 적어주기로 했다.

쇼핑 보따리를 하나씩 들고 집에 가서 남편을 (안전하게?) 모셔놓고 나는 다시 산책을 나왔다. 음악을 들으면서 한 시간 천변을 걸었다. 밤 열시의 천변은 아주 걷기에 그만이었다. 생각은 구태여 하려 하지 않고 두서없이 머릿속에서 떠오르는 대로 흘러가게 내버려두었다. 이것저것 편안하게 끄집어냈다가 제풀에 사라지는 이야기를 열 몇 개쯤 풀어내면서 걸었다. 땀이 나는 것도 카타르시스가 되는지 기분이 상쾌했다. 하긴 냉장고 속도 오랜만에 꽉 찼으니 몇 배 더 상쾌하긴 하겠다.

타
로
와

팥
빙
수

요한복음이 끝났다.

무엇을 읽을까 고민하다가 사도행전을 읽기로 했는데 다
읽지는 않고 고넬료 이야기까지만 읽고 다시 공관복음을 읽어야겠다고 생각했다. 올해는 예수님의 말씀이 어떠한지 집중적으로 알고 싶다. 때때로 시편을 읽으면서 마음을 녹이고 그러면서 올해를 마치고 싶다.

일단 사도행전 1장 묵상하는데 제일 먼저 나오는 말에 눈이 번쩍 뜨인다.

〈데오빌로각하〉

나도 얼마 전 마치 누가처럼 '데오빌로 각하'라는 사람에게 편지를 쓴 적이 있었다. 그 편지를 원고지로 환산하면 100장은 훌쩍 넘을 양이었다. 것도 모자라 나중에는 500매짜리 소설까지 썼다.

한국 사람에게 말하기 싫은 것들이 있었다. 한국에서만 통용되는 이상한 규범, 관습, 전통 같은 것들에 대하여 시비 걸고 싶을 때 '데오빌로 각하'를 끄집어내어 한바탕씩 쏟아내곤 했던 것이다. 지금도 데오빌로 각하에게 소리쳐 묻고 싶은 것이 한두 가지가 아니다. 하지만... 마음을 가라앉히고 다시 묵상을 시작했다.

십자가 사건 이후(하긴 예수님이 잡혔을 때 이미 다 도망쳤다)뿔뿔이 흩어졌던 제자(제자들은 아무리 점수를 주려고 해도 그렇게 멋지게 보이지는 않는다. 배운 게 있나 가진 게 있나 생각

148

이 깊은가, 대개 그렇고 그런 사람들이 모인 '오합지졸'같은 느낌이다)들이 예수님이 부활하신 모습을 보고 다시 모이게 되었다. 누가 어떻게 소집했는지 모르지만 예수님이 부활하기 전까지 그들은 기도하는 모습이 없었다. 모여서 우왕좌왕하거나 걱정만 산더미처럼 하고 있다.

그런데 14절 끝부분을 읽으면 그 제자들과 더불어 무덤에서 왔다갔다 한 여자들, 그리고 예수의 어머니 마리아와 예수의 동생들까지 '모두 함께 한 마음으로 기도에 힘썼다', 라고 되어 있다.

그들이 뒤늦게 기도의 맛을 알게 된 이유가 무엇일까?

그렇게 모인 형제들이 120명이나 되었다니 참으로 놀라운 일이다. 그렇게 모여 실컷, 아주 신나게 기도한 후 제일 먼저 한 일은 제자 TO를 메우는 일이었다는 사실. 성경에서 말하는 이유는 이러하다.

예수께서 우리와 함께 지내시는 동안에, 곧 요한이 세례를 주던 때로부터 예수께서 우리를 떠나 하늘로 올라가신 날까지 늘 우리와 함께 다니던 사람 가운데서 한 사람을 뽑아서, 우리와 더불어 부활의 증인으로 삼아야 할 것입니다.

[사도행전 1 : 22]

부활의 증인으로 삼기 위하여 사도의 수를 완전하게 만

들려는 것이다. 이거 참... 뭔지 모르지만 제자들이 비장한 어떤 각오가 느껴지는 대목이다. 나 역시 예수님의 부활의 증인으로 사도행전을 쓰고 있다. 단 한 줄이라도 남기려고 지금 이렇게 길고 긴 일기를 쓰는 것이 아닌가. 나의 기도문. 하나님 저를 부활의 증인으로 써 주실 것을 믿~ 씁니다.

갑자기 어떤 확신이 나를 강하게 휩싸는 가운데 산책을 시작했다. 어제 산책했던 맛이 삼삼해서 이제부터 산책을 하루 일용할 양식 중의 하나로 만들기로 했으므로.

아침의 천변은 얼마나 아름다운지! 부지런한 사람들은 벌써부터 장갑 끼고, 외계인 같은 마스크로 귀하신 얼굴을 감싸시고(자외선 차단이라는 목적이겠지만 좀비도 아니고 프랑켄슈타인도 아니고 아이언 마스크도 아니고 하여튼 볼 때마다 만정이 떨어진다)굳세게 걷고 계시는 분들에 끼어 나도 천천히 – 양반걸음으로 – 거닐었다.

잘 정돈된 천변, 각종 체육시설, 품위 있는 나무다리, 분수대, 땅의 느낌이 나는 폭신거리는 초록색 길을 밟는데 감사가 저절로 나왔다. 이런 쾌적한 환경으로 변모해가는 한국으로 발전시켜주신 하나님, 매우 감사합니다.

11시. 문인협회 아녀자 다섯 명이 한 차에 바글바글 타고 강남까지 진출했다. 문인이 개업한 커피전문점에서 빙수를 먹음으로 살갗을 뚫을 것 같은 무더위를 자알 넘기자는 목적이었다. 인테리어 끝내주는 가게에서 따끈한 떡과 함께 커피 빙수, 과일 빙수를 먹는데 나중에는 얼마나 차갑던지 입이 얼얼하여 뜨거운 커피 한 잔 마시고, 그러다보니 다시 더워져서 냉커피 마시고 이러면서 두 시간을 보냈다. 이 때 한 문인이 가방에서 보자기 하나를 꺼내 테이블 위에 척, 펼치더니 이렇게 말하는 것이었다. 이제부터 내가 타로점을 봐주겠노라.

그리하여 줄줄이 다섯 명이 무녀가 된 문인 앞에 다소곳이 앉아 재미 겸 장난 겸 타로점을 보게 되었다. 나는 난생 처음 하는 짓거리에 은근히 흥분이 되어 나의 패가 어떠할지 자못 궁금하였는데 결과는 하나님 말씀을 재확인시켜주는 차원이었다고나 할까. 나는 하나님이 타로를 통해서도 나를 안심을 시켜주시는구나, 그렇게 생각하고 감사했다. 문우가 나에게 말해주는 것을 얌전하게 받아 적어왔다.

나의 물음 : 책이 나올까요?

타로를 통한 하나님의 (매우 철학적인)대답 :

(나의 상태에 대하여) 내면의 생각으로부터 나오세요.

당신은 스스로 상처받는 자신을 딛고 일어서야 합니다.

이제 새로운 시작만 남은 거죠.

의심하지 말고 앞만 보고 가세요.

지금 시작하면(이미 시작했으면)그것을 열심히 하세요.

그것으로 너무 집착하지 말고 당신의 감수성을 믿고 계속 진행하시면 일 년 안에 당신보다는 타인이 만족하는 결과를 얻을 수 있습니다.

여기에서 타인의 만족이란 이제야 비로소 세상과 소통하게 되는 것을 말합니다.

아멘. 나는 타로에 만족했다. 아침 굶고 점심은 한 시 넘어 빙수, 커피 이런 물만 들이켰더니 뱃속이 IMF처럼 빈곤해졌다. 수락산 근처 보쌈집에서 4시 넘어서야 겨우 밥을 먹었다. 오랜만에 만난 아녀자들이 신이 나서 막걸리도 한 잔씩 마시면서 보쌈을 먹다보니 발동이 걸렸다. 서둘러 집 근처로 이동하여 2차를 시작하기로 결단을 했다.

나는 그 사이 집으로 뛰어가(단골주점에서 오 분 거리였다) 아들의 저녁 메뉴로 김치찌개를, 남편은 저녁과 안주 겸하여 문어 다리를 데쳐 잘 썰어 거실 상에 차려드리고 바람난 뭐처럼 다시 2차 장소로 달려갔다. 가서, 11시까지 대화의 시간을 가졌다. 문학하는 인간들은 말도 잘한다. 까딱하다가는 말만 잘하게 될까봐 두려울 정도로. 하지만 생각도 재미있고 성격도 유별난 인간들이 많아서 특색 있는 대화의 자리라고 아니할 수 없는 것이다. 그렇게 밤은 깊어갔다.

기분은? 매우 좋았다. 결국 오늘도 즐거운 하루가 될 수밖에.

오히려

하나님 앞에서 죄를 회개하며 영적부흥으로 새롭게 신앙의
전환점을 만들려고 하면 하나님이 도우시고 기쁘고 뜨거운
감동적인 일어날 것 같지만 실상은 **오히려** 그 반대 입니다.
악한 욕망을 끊고 하나님만 의지 하려고 할 때 **오히려** 세
상은 절망하게 만들고 포기하게 만들려는 사단의 공격이
심해지는 겁니다.
하지만 하나님은 일 하십니다.
나를 목적으로 찾아오신 하나님은 우리가 용서와 사랑과
인내의 실력을 갖출때까지 끝 없이 일하실 것입니다

5시. 어쩐지 일어나고 싶지 않아 알람을 한 시간 뒤로 미
루고 누워있었다. 가끔 그럴 때가 있다. 아주 간략하게 기
도하고 7시에 아침 산책을 나갔다. 휴대폰에 내장된 음악이

랜덤으로 들려왔다. 두서없다. 눈에 보이는 대로 천변을 스케치했다. 그림을 그리는 심정이었다.

살가운 바람, 살랑거리는 나뭇잎, 오리 네 마리, 낮게 날고 있는 잠자리 떼, 화석으로 남아있는 너의 발자국, 아득한 마음, 아침에 어울리지 않는 음악, 되돌아올 때 배가 되는 2.4 킬로미터 거리의 슬픔, 짧게 물살을 가르는 중세의 기억... 우수수 떨어지는 치료되지 않는 7월.

아침부터 미국 친구에게로부터 숨 가쁜 전화 두 통. 이 친구, 지금 마음의 열꽃이 얼마나 흐드러지게 피었는지 날마다 나에게 경과보고 하는데 그 목소리가 평소보다 두 옥타브는 높고 행복에 겨워있다.

"그 사람이 나에게 뭐라고 했는지 알아?"

(내가 그걸 어떻게 아니, 하고 퉁명스레 맞받아치려다가 마음을 고치고 상냥하게) "뭐라고 했는데?"

"요즘 최고의 시간을 누리고 있단다. 사람들이 얼굴을 보고 무슨 좋은 일 있어요? 하고 묻는단다."

최고의 시간이라... 내 생애 최고의 시간은 언제였을까? 한국과 미국에 떨어져서 전화 몇 통화 하면서 인생의 절정을 누리고 또 느끼고 있는 이 불륜(?) 남녀를 보며 느끼는 것, 아이고, 사랑은 정말 위대하구나!

남이 듣기에는 닭살인 그 사연들을 최선을 다해 들어주는 미덕을 베풀고 교회에 갔다. 내 마음도 어쩐지 싱숭생숭해져서 옛날 시집 하나를 들고 전철 안에서 읽으면서 갔다.

너는 내 최초의 현주소 / 늙은 우편배달부가 두들기는 / 첫 번 째 집 / 시작 노트의 첫 장에 / 시의 첫 문장에 / 나는 너의 이름을 쓴다...

예전에는 너무 유치해서 넘어가지 않았던 시들이 줄줄 잘도 넘어갔다. 시집의 시도 거의 사랑으로 도배되어 있다. 아, 오늘 전체 필은 사랑인가보다.

교회 지하 기도실에 들어가 십자가 불을 켜고(여섯 개의 스위치 중 오른쪽 두 번 째 스위치가 십자가 후광을 비추는 불 스위치다) 커피 한 잔을 홀짝 거리면서 워밍업. 이후 50분 동안은 지하 기도실에서, 다시 40분은 공부를 하는 청년교회 예배당에서 홀로 보냈다.

아아, 그 장소에서의 그 시간들!

눈을 감으면 십자가가 보이고 눈을 떠도 십자가가 보였다. 망막 속의 뭔가 희부윰한 불빛은 어느 순간에는 또렷해지고 또 어느 순간에는 진한 청록색으로 아름다운 무늬를 보여주기도 한다. 그것이 뭔지 모르지만 나는 집중하고 있다.

연약한 내 영혼 통하여 일하소서, 주님 나라와 그 뜻을 위하여. 오, 주여 나를 이끄소서.

엊그제 은혜 받은 가스펠이 자꾸 맴돈다.

어두운 청년교회 예배당은 더욱 좋았다. 아무도 없고 에어컨은 가동되지 않아 후끈했지만 이미 내 영혼도 후끈 달아오른 터라 문제 될 것이 없었다. 어두운 곳에서의 기도가 더욱 몰입이 잘 된다는 것도 알게 되었다. 아무도 나를 보지 않는다는 것도 참 좋다. 물 한 잔 떠 놓고 한 모금씩 마시면서 나는 가만히 묵상했다. 이전처럼 눈물은 나오지 않았지만 감격에 겨웠다. 이곳에 와서 하나님의 말씀을 듣는 모든 사람들에게 예배의 감격이 늘 임하기를!

리더십에 대하여 담임 목사님이 강의 하시고 이어 부목사님(나에게 좋은 점수를 받지 못하는)이 금요일 속회를 위한 공부를 인도하셨다. '예배 속에 임하는 은혜'가 제목이다. 하나님 아버지께 예배하고, 예수 그리스도를 통하여 예배 드리는 것이고, 영과 진리로 예배한다는 말씀에는 아멘했지만, 하나님 나라(천국이라고 했다)에서는 예배가 전부이라고 하신 말씀에는 아멘이 안 나왔다. 그곳에서도 한국교회의 예배 형식 같은 것이 존재한다면, 오 마이 갓!

정말 그런지 또 어느 성경학자에게 여쭈어야 하는 것일까?

내가 인도하는 속회는 어차피 방학이므로 교회까지 와서 공부를 할 이유가 없지만 그래도 뭔가 아쉬워 나왔다. 하지만 다음 주부터는 양심의 가책 받지 않고 그냥 나오지 않을 결심을 굳게 해버렸다.

오는 길에 믿음의 동역자인 친구에게 전화하여 번개를 때렸다. 이번에는 내가 콩국수 사준다고 꼬드겼다. 점심 먹으면서, 그리고 천변을 걸으면서 이야기, 또 이야기. 이 친구와는 밤새워 이야기만 하고 싶다. 예전에는 '찜질방 부흥회(같이 사우나 하고 찜질방에 앉아 계속 믿음, 성경, 교회, 사람, 교제, 고통 등에 대하여 하나님의 관점을 찾으려 노력하면서 말하는 모든 대화를 말한다)'도 자주 했지만 지금 나의 형편으로는 평안하게 찜질방에서 반나절을 뒹굴 여력은 없어서 몇 달째 못하고 있는 상황이므로 두 시간의 대화가 감질나기는 서로 마찬가지였다. 하지만 다른 사람들과 온종일 있는 것보다 더 영양가 있는 것은 말해 무엇 할까.

저녁식사 준비 잘 해놓고 집에 들어온 지 딱 한 시간 만에 다시 집을 나섰다. 수요예배와 성가연습을 하기 위하여 다시 교회에 가는 것이다. 대강의 거리로 치자면 교회까지

30킬로 정도 된다. 왕복 60킬로의 교회를 하루에 두 번 가는 일은 솔직히 쉬운 일이 아니다.

하지만 나에게는 더 힘든 일이 있다. 나와 같이 저녁 시간을 보내고 싶어 하는 남편과 아들 때문에 발걸음이 그다지 가볍지만은 않다. 같이 놀던가 아니면 같이 교회를 가던가 이렇게 같이 행동을 하는 것이 가족의 화합을 위하여 바람직하지 않을까?

종일 일하고 겨우 집에 온 아들에게 밥도 제대로 차려주지 못하고 교회를 간다는 것과 몸이 불편한 남편을 홀로 쓸쓸하게 남겨두고 이 밤에 교회를, 차도 없이 버스와 전철을 갈아타고 간다는 것은 쉽지 않은 일이었다.

예배당 앞자리에 앉아 예배 시작할 때까지 묵상했다. 눈을 감고 하나님을 생각했다. 하나님, 지금 제가 가고 있는 길이 맞습니까? 그렇게 물으면서도 내 마음이 어느 정도 확신이 오는 것은 '실패에 대하여 염려하지 말라'는 목사님의 말씀이 나에게 힘을 주고 있기 때문이다.

오늘도 하나님의 뜻을 아는 방법에 대한 말씀이 이어졌다.

나의 소원에 대하여 잘 생각해 볼 것과 나에게 그 소원을 감당할 능력이 있는지 점검해 보는 시간이었다.

그곳에 밑줄 칠 문장이 보였다.

예수를 믿는다면 영적 은사는 이미 한 가지 이상씩 주어졌다.

내가 그 일을 할 때 기쁨이 있는가?

은사(charisma-카리스마)는 기쁨(chara-카라)에서 나온다.

내가 남들보다 잘 하는 것이 무엇인가 생각하라!

결국 글 쓰는 일과 가르치는 일을 떠나서는 안 될 것을 절감했다.

며칠 전 교회 책 발간 팀에서 책 발간을 위한 막바지 작업을 위한 편집위원 소집이 있었다. 나는 말씀을 듣는 순간, 그곳이 내가 있어야 할 곳이라는 확신을 가졌다. 지금 나에게 주어진 여러 가지 일이 많이 있지만 우선적으로 내가 잘 하고 그리고 그 일을 할 때 기쁨이 있는 일을 선별하여 축약하는 것이 필요했다.

십 몇 년 동안 속회에서 인도했던 일은 나에게 많은 유익과 간증거리를 주었지만 인도하는 일 이외의 심방이나 전화 연락, 그리고 지극한 사랑을 쏟고 관심과 배려를 지속하는 일은 나에게 정말 힘들었다. 더구나 내년부터는 말씀 전하는 위주가 아니라 섬김과 친교 위주로 포맷을 바꿀 것이라고 하니 더 이상 힘들어하지 말고 내려놓아야 하지 않을까.

사람에게는 다가갈 때와 내려놓을 때가 있다. 나는 - 대다수의 교인들의 생각이 마찬가지겠지만 - 교회에서 임명하는 일에 순종하지 않으면 큰일 나는 줄로 생각했다. 나같이 자유 분망한 사람도 막상 무엇인가 시킬 때 거부하는 것은 껄끄러웠고 그것의 불순종으로 말미암아 하나님이 나에게 어떤 데미지를 줄 것 같은 생각을 떨칠 수가 없었다. 나는 이제부터는 그것에서도 자유롭고 싶었다. 나는 내년 속장 임명에서 빼달라고 건의할 것이다.

즐겁고도 재미있고도 은혜로운 성가연습을 한 시간 누렸다. 어떻게 시간이 흘렀는지 모를 정도로 신나게 성가연습을 했다. 그런 시간은 아무나 누리는 것이 아니라는 생각이 들었다. 하루의 피곤이 완전히 회복되는 것을 느낌이었다.

언제나 집까지 태워주는 일 년 후배 권사님과 도란도란 이야기하면서 왔다. 차에서 내리자마자 다리가 휘청했다.

아, 그렇구나, 오늘 좀 피곤하긴 했나보다. 이럴 때 진한 포도주 한 잔이면...

입맛을 다시면서도 그냥 잠자리에 들었다.

17일

늦잠 잤다. 마음을 단단히 먹으면 그냥 일어날 수도 있었
지만 거실 소파에 누워 한 잠 더 잤다. 소파에서 잠이 들기는
처음인 것 같다. 평화로운 시간을 누린다는 생각이 들었다.

모든 것이 순조롭고 그리고 나는 어느 정도 행복했다.

8시가 다 되어서야 산책을 나갔다. 묵상 등 경건의 시간
은 이미 날이 훤하게 밝았으므로 산책 후에 하기로 마음먹
었다. 더 늦게 나갔다가는 그 따가운 햇볕 때문에 몇 걸음
도 못 걸을 것 같으니 조금이라도 이른 시각에 나서는 것이
상책이었다.

아침의 천변은 놀랍도록 순결해 보였다. 어제 비가 와
서인지 물 흐르는 소리가 더욱 선명하고 건강한 색의 녹음
이 반짝거리면 윤이 났다. 다리 위에서 잉어들을 살펴보았
다. 팔뚝만한 녀석들이 유유히 헤엄치고 있는 모습을 보느
라 많은 사람들이 자전거를 세워놓고, 쭈그리고 앉아, 롤러
스케이트를 신은 채, 모두 시선을 냇물로 향하여 녀석들의
움직임을 따라가고 있다. 그 사람들의 순진한 모습을 보는
것만으로도 참으로 기분 좋은 아침산책이었다.

중간쯤 걸어가는데 휴대폰이 울렸다.
차가 없는 우리 부부를 위하여 드라이브도 시켜주고 밥
도 사주려고 잘 놀러오는 친구 부부가 일 때문에 속초를 가
는데 동행하자는 전화였다. 속초!

가던 길을 휙 돌아 빠른 걸음으로 집에 와 부지런히 준비했다. 몸놀림이 서툰 남편의 셔츠 단추도 끼워주고 운동화 끈도 매주고 부산을 떨면서 겨우 시간을 맞추어 나갔다. 친구 부부의 차는 이미 아파트 앞에 세워져 있었다. 우리는 손을 흔들었다. 속초까지 번개라! 생각만 해도 신나는 일이었다. 예기치 않은 기쁨이랄까. 말을 하고 보니 C.S. 루이스 책 제목과 똑같아졌다.

게다가! 속초에 가면 나의 선생님이 계시다는 사실! 잘하면 만날 수도 있으니 금상첨화였다. 하지만 막상 전화를 드리니 선생님은 오늘은 특별히 더 바쁜 날이라는 것이다.

"다음 주에 놀러와. 다음 주는 아무 계획이 없으니까."

"어쩔 수 없어요, 선생님. 오늘 가는 것이 어디 제 맘이던가요. 친구 남편이 사업차 속초에 간다고 해서 따라가는 건데요."

"그렇구나. 하여튼 오면 전화나 한 번 해봐."

"넵!"

그 선생님과의 만남에서부터 역사적 사건들, 지금까지의 모든 일들을 다 쓰려면 소설 한 권은 될 것이지만 두어 문장으로 요약하자면 이렇다.

고등학교 1학년 때, 교회학교 고등부 교사로 봉사했던 부부(아내는 고등부 성가대 지휘 선생님, 남편은 고등부 지도교

사) 선생님이며 내 삶의 신앙의 멘토가 되시는 분이라는 것.

스승의 날만 되면 편지 한 통을 써서 보내드리는 제자에게 아낌없이 사랑을 베푸시는 분들. 일흔을 바라보는 노인이 되셨지만 그 맑음과 청순함은 여느 사춘기 아이들 못지않은 분들. 한마디로 말한다면 내 삶과 신앙의 멘토가 되시는 분이다.

삼십 도가 넘는 무더위 속에서 우리 부부와 친구 부부 이렇게 네 사람은 옥수수 사먹으면서, 커피 마시면서 한 여름의 땡볕을 뚫고 미시령을 넘어 속초로 갔다. 카 오디오에 문제가 있어서 음악을 제대로 멋지게 들을 수 없는 것이 흠이었지만 그 소소한 결핍은 아름다운 금수강산이 대신 채워주었다.

인제를 지나면서 다시 선생님께 전화했다. 선생님이 말씀하셨다. 집으로 오너라!

"우리 양양에서 막국수 먹으려고 하는데요?"

"일단 오라니까!"

"넵!"

이후, 분에 넘치게 받은 풍성한 사랑의 대접은 글로 표현하기 어려웠다.

태신자 집이라는 식당에서 특별히 공수된 회(그곳은 회를 팔지 않는 곳인데 정말 특별 주문해 주셨다. 속초하면 회니까), 그리고 기가 막힌 물회, 그리고 대구 지리탕! 너무 맛있어서 술은 까맣게 잊어버린 채 신이 나서 먹어치웠다. 다 먹고 나니 그때야 비로소 아, 안주만 먹었구나, 그런 생각이 났으니 정말 귀신이 곡할 만큼 놀라운 맛이었다.

선생님 집 서재로 쳐들어가 책 한 권을 강탈하고(달라고 생떼를 썼으므로) 친구 부부에게는 선생님의 시집을 마구 뒤져 내가 찾아내어 싸인 받아 주고 게다가 남편 몸에 좋다는 티백 차까지 한 박스 선물로 받았다.

우리와 같이 있는 내내 선생님은 연신 싱글벙글이셨다. 이유를 물은즉 선생님 왈, 몇 년 전부터 다니는 교회에(선생님은 서울 생활을 접고 몇 년 전에 속초에 정착했다) 오늘 전도사님이 새로 오신다는 것이다. 일 년 넘게 전도사님을 구했지만 시골이라 아무도 오지 않으려 했는데 이제야 오시게 되었다면서 내 일처럼 좋아하신다. 전도사님이 오시면 마중을 나가야 한다는 것이다. 우리는 무척 놀라지 않을 수 없었다.

전도사님 한 분 교회에 부임하는데 온 교회가 떠들썩하게 방 청소하고 선풍기 사놓고 단장하는데, 보통 난리(?)가 아니었다. 예전에 세상에서 크게 한 가닥 했던 우리 선생님이 하시는 말씀 좀 들어보시라.

"전도사님이 우리 교회에 오시게 되었으니 얼마나 좋은지. 이제 마중 나가서 환영해드리고 잘 모셔야지."

전도사님이라는 단어 대신 대통령이라고 대입하면 오히려 말이 맞게 들릴지 모르겠다. 여기에서 우리는 선생님께 또 한 수 배웠다. 섬기는 자의 모습은 바로 저런 모습이구나, 하는 것. 높은 사람이 낮은 자를 섬기는 것. 예수님이 제자를 섬기고, 사람을 섬기고, 세상을 섬기듯이 말이다.

우리 선생님은 예수님이다.

귀가 길은 기분 내느라고 한계령으로 돌았다. 역시 아름다운 골짜기였다. 중간 중간 쉬면서 팥빙수도 사먹고, 자글자글하게 들리는 음악도 들으면서 집으로 오니 여덟시! 선생님께 전화를 하려다가 전도사님 환영하시느라 정신없으실 것 같아서 휴대폰으로 감사의 문자를 날렸다.

내가 매일 묵상하는 『숭고한 기도』 역시 선생님의 책 선물이 아니던가. 아이고, 나이 쉰이 넘은 제자를 아직까지 키우고 계신 선생님, 감사합니다!

밤이 이슥해지자 남편과 나는 뱃속이 어쩐지 궁금해져서 (배가 고픈 것은 아니지만 어쩐지 허한) 삶은 문어에 술 한 병을 둘이 나누어 서너 잔 씩 마셨다. 그랬더니 비로소 오늘 하루가 완벽해졌다. 술이 수면제 역할을 하는지 눈이 슬슬 감긴다. 오늘도 아주 쉽게 잠이 들 것 같다. 하나님은 사랑하는 자에게 잠을 주시는도다.

녹작지근하면서도 기분 좋은 번개를 맞은 우리 부부는 오늘 행복하다.

콩
국
수
와

기
도

아침의 묵상.

기도 골방은 치열한 전쟁터입니다. 이곳에서 격렬한 전투가 벌어집니다. 이곳에서 시간과 영원을 두고 영혼들의 운명이 조용하고 한적한 가운데 결정됩니다.

기도 전투에서 우리가 유리한 고지를 점령한 채 싸우고 있다는 사실을 잊지 마십시오. 하나님께서 이미 우리에게 승리를 주셨습니다.

나는 하나님께서 이미 우리에게 승리를 주셨다는 말에 안심하고 다시 확신을 갖는다. 나는 늘 이렇게 옆에서 다짐해 주어야 흔들리지 않는다. 승리에 관한 한 더 기도할 필요가 없다고 부연설명을 하고 있는 그 구절을 또 읽고 또 읽었다. 오늘은 이 말씀을 붙들어야겠다.

하나님께서는 나에게 이미 승리를 주셨다!

시티뱅크 가서 언니 송금 계좌 개설하고 집에서 콩국수를 만들어 먹었다.

저녁. 서리태로 만든 콩국수는 - 성능이 좋지 않은 믹서기의 영향으로 입자가 조금 굵은 것이 흠이기는 하지만 - 완전 웰빙이므로 신이 나서 먹었다. 무지막지하게 많은 콩국수를 그렇게 맛있게 먹을 수 있는 나의 위대한 위!

서리태 콩국수로 단단하게 무장한 나는 씩씩하게 교회로

갔다. 속회를 인도할 때의 금요일은 정말 힘들고 괴로운 금요일이었지만 은밀한 방학을 하고 나자, 금요일 늦은 밤의 겟세마네 기도회에 대한 기쁨만 오롯이 남았으니 이 날아갈 듯한 기분은 필설로 표현하기 힘들 정도다.

일찌감치 예배당 앞자리에 자리를 잡은 나는 눈감고 명상의 시간에 들어갔다.

나 홀로 주님과 마주하는 그 시간이 좋아 교회에 그렇게 일찍 오는 것이다. 하나님이 나의 마음을 만져주는지 벅찬 가슴으로 한동안 눈물만 주르르. 나의 발끝까지 오염된 그 어떤 것들도 하나님의 사랑에서 나를 끊을 수 없다는 확신이 나에게 기쁨으로 나타났다. 하지만 눈물은 기쁨의 표현이라기보다는 나의 상처에서 오는, 나의 한에서 비롯된 가슴앓이라고 느끼고 있다. 그 오래된 가슴앓이를 하나님이 모르쇠하지는 않으시겠지.

10시 반으로 알람을 맞추어놓고 기도회에 집중했다. 능력이 많으신 담임 목사님의 열정이 나를 사로잡는 것을 느낀다. 많은 사람들이 은혜를 받고 있는 예배당이 그렇게 뜨거울 수가 없다. 손 들고 뭔가 기도의 끈이 이어지려는 찰라, 역시나 휴대폰 알람이 울렸다.

이를 어떻게 할까... 한참 고민했지만 결국 예배당을 나올 수밖에 없었다. 끝까지 남아있고 싶지만 오늘은 모든 것이 여의치 않았다. 택시비도 없는 주제에 전철이 끊어지면 나는 어떻게 하느냐고요! 한숨 쉬며 교회를 나섰다. 늦은 밤, 취객이 반이 넘는 술 냄새 진동하는 지하철을 타고 마음속으로 방황했다. 하나님, 올해가 가기 전에 차 한 대 부탁합니다. 차를 주시면 더욱 교회 열심히 다니겠습니다!

19
일

태
풍
이

온
다

어제 늦은 귀가를 핑계 삼아 늦잠 잤다. 기분 좋은 토요
일 아침의 묵상.

우리는 기도를 우리를 위해 어떤 것을 얻는 방법으로 생각합니다. 하지만 성경이 가르치는 기도는 하나님을 알게 되는 방법입니다.

마음의 배가 고프십니까? 그렇다면 기도를 통해 마음껏 드십시오!

아멘.

하지만 오늘의 기도는 어쩐지 집중이 되지 않아서, 그래서 마음의 배가 채워지지 않는 것을 느꼈다. 그럴 때도 있으려니, 하면서 편하게 넘어가기로 했다. 날마다 장날이면 힘들잖나!

그들 가운데는 가난한 사람이 한 사람도 없었다.
[사도행전 4 : 34]

나는 생각했다. 그들 가운데 가난한 사람이 한 사람도 없었다는 것은 그들 가운데 부자가 가난한 사람들을 위하여 무엇인가 내놓았을 것이라고. 무엇인가 아낌없이 내놓은 그들의 마음에는 예수 안에 한 형제라는 인식이 강하게 작용했을 것이라고. 신앙의 공동체에서 신앙뿐 아니라 삶도 공동체가 되어있었다는 사실이 경이롭다. 하지만, 이 초대교회의 모습을 현대 교회에 적용시키는 것이 과연 합당한 일인가? 나는 의문을 가지고 있다.

자본주의 사회에서 '노블리스 오블리제'도 자발적으로 행할 사람이 극히 드문 한국 사회, 한국 교회에서 이러한 기적이 일어날 수 있을 것인가. 마음이 넓은 사람은 마음을 나누어주고, 사랑이 많은 사람은 사랑을 나누어주고 그렇게 긍휼, 인내, 자비, 선, 물질, 아주 작은 물질까지라도, 사랑으로 서로 나누는 것이 필요하다.

교회 주변에 가난한 사람이 있다는 것은 예수님에 대한 치욕이다, 라는 글을 어디선가 읽은 적이 있다. 나에게도 분명 사람들에게 나누어 줄 것이 있을 것이다. 그것이 무엇인가 곰곰 생각해보고 리스트를 작성해 보아야겠다고 결심. 훤한 아침에 묵상하려니 역시 집중하기 어렵다. 새벽시간을 되찾자고 반성했다.

태풍의 영향으로 비가 오고 있다. 게으름을 즐기면서 실컷 늦잠을 자고 일어나 브런치를 먹으면서 내가 좋아하는 프로그램 〈걸어서 세상 속으로〉를 진지하게 시청했다. 내가 좋아하는 TV프로그램이 두 개 있다, 하나는 걸어서 세계 속으로, 또 하나는 일기예보.

멕시코 유카탄지역을 한 시간 동안 보고 있으려니 어쩐

지 좀이 쑤시는 기분이었다. 죽기 전에 한국이라도 제대로 한 바퀴 돌았으면 원이 없을 것 같았다. 제주도에서 한 달 쯤 머물고 속초에서 두 달 쯤 머물고 남해에서 일주일 이렇게 머물면서 말이다. 노년은 그렇게 멋지게 보내야 하지 않겠는가. 그렇게 될 줄 믿~쑵니다, 하나님!!

비도 오고 기분도 꿀꿀한데 오후에 예정되어 있는 산문 분과 작품 합평 때문에 몇 시간째 고문을 당했다. 회원이 수필 두 편을 올렸는데 그것에 대한 감상문을 쓰는 것이다.

일단 온라인 카페에 얼렁뚱땅 평을 올렸는데 내용은 허접했다. 겨우 숙제를 마치고 문인협회 사무실로 갔다. 비 오는 분위기가 예사롭지 않았다. 나는 왜 비만 오면 이렇게 온몸에 꽃이 피어나는 것처럼, 스멀거리면서 견딜 수 없는 마음이 되는지 모르겠다. 만약 모임이 없었더라면 집에서 혼자 마음 고생 좀 할 뻔 했다. 아니지, 남편을 꼬드겨 동네 선술집에라도 끌고 갔겠지.

예닐곱 명이 모인 조촐한 자리였지만 토론의 열기는 자못 뜨거웠다. 두 시간 동안 딴소리 전혀 없이 수필, 문학, 평, 이런 고상한 문장들로 점철된 것은 이번이 처음인 것 같았다.

나는 생각보다 진지한 분위기가 마음에 들었고, 그래서 기분이 좋았다. 갈빗집에서 갈비탕 먹으며 반주로 술 한 잔. 글과 술은 닮은 부분이 꽤 많다. 쏠리는 현상, 다른 것은 생각나지 않는 집중현상이랄까... 계속 진행되면 필 받는 것도 닮았고, 할수록 느는 것(술도 마실수록 늘고 글도 쓸수록 늘지 않던가!)도 닮았다.

마침 시분과의 어여쁜 시인이 2차 번개를 때렸으므로 산문분과 회원들과 함께 번개 장소인 바비큐 치킨 집으로 달려갔다. 해서 열 명 넘게(빠르기도 하여라) 모인 문우들과 즐거운 번개의 시간을 가졌다. 초복이어서 매운 닭볶음, 닭튀김, 등 완전 닭고기 일색으로 코스요리처럼 시켜 먹었다.

나는 단체 번개는 마음에 들지 않았다. 너무 사람들이 복작거리니까 한 목소리로 말하기도 어렵고, 내용도 그다지 영양가 있지 못하므로 나는 그저 별 말없이 얌전히 앉아 술이나 꼴짝거렸다. 갈 사람 가고 해서 다시 몇 명이 번개 3차. 분위기 좋은 호프집에서 다시 한 시간 넘게 담소.

이번에는 인원이 적어서인지 1차 때보다 대화가 되는 편이었지만 그래도 내 마음에 차지는 않았다. 술자리는 어쩌면 그렇게 시간이 잘 가는지! 어찌하다보니 자정이 가까워지고 있다. 서둘러 집으로 출발했다. 지부장의 초대형 고급

승용차 뒷좌석에 앉아 쿵쿵 울리는 멋진 음악 들으며 집으로 가는데 도무지 내리고 싶지 않아 그 곡이 끝날 때까지 동네 한 바퀴를 더 돌고 나서야 겨우 내렸다.

*)내 소원 하나. 술 기분 좋게 마시고 지부장 차 타고 밤 1시의 길을 두 시간 코스로 드라이브 하는 것. 물론 음악이 빵빵해야 한다. 대화는 필요 없다. 이런 조그만 소원은 금방 들어주시지 않을까? 하나님께서?

★) 얼마 지나지 않아 소원은 이루어졌다. 나의 소박한 소원을 들어주려고 밤 2시에 차를 끌고 나온 문우이자 친구인 지부장과 말 없이 음악 크게 틀어놓고 광릉내 한바퀴 돌고왔다. 그때 감동으로 「프롤레타리아 여인의 밤」이라는 글을 썼다. 얼굴만 이쁜게 아니라 마음까지 이쁜 자아, 고마워.

빗
속
의 주
님

또 다시 아름다운 주일을 맞이했다.

새벽에 일어나 가장 먼저 감사의 기도를 올렸다. 생각보다 몸이 멀쩡했기 때문이었다. 주일을 대비하여 어제 눈치껏 살살 마시기는 했지만 토요일 모임은 아무래도 문제가 많다.

오늘 드린 찬양곡은 정말 좋았다. 내 평생에 가는 길, 찬송가를 편곡했는데 정말 멋진 곡이었다.

내 평생에 가는 길 순탄하여 늘 잔잔한 강 같든지, 큰 풍파로 무섭고 험하든지 나의 마음은 늘 편하다...

사람들은 늘 자신의 인생이 풍파가 심했다고들 이구동성으로 말한다. 자기 이야기를 소설로 쓰면 완전 대하소설감이라고도 말한다. 과연 그러한가. 삶이란 외면에 드러나는 부분도 있지만 내면에 간직하는 부분도 적다고 할 수 없다. 나는 있는 힘을 다하여 찬양 드렸다. 곡의 가사가 나의 마음이고 소원이고 기도제목이었으므로.

주보를 보니 내가 속해있는 역사 자료팀의 중요한 회의가 3부 예배후 담임목사님 주재로 열린다고 되어있다. 계속 교회에 남아있으면 편하겠지만 우리 부부를 태워주는 친구가 남편 혼자 차를 태우고 가는 것이 혹 불편하지 않을까 염려되어 결국 다시 집에 들렀다 오기로 하였다.

집에 머물 수 있는 시간은 삼십 분, 오가는 길은 두 시간, 그렇게 영양가 없는 결단이었지만 나의 수고로 인해 누군가 마음이 좀 편하다면 해볼 만한 일이지 않은가! 결론부터 말한다면 집에 가기를 잘했다. 늦잠을 잔 아들에게 치즈 볶음밥도 만들어주고 이것저것 대화도 나누는 시간을 가졌으니까.

비가 오는 궂은 날씨였지만 삼십 분 만에 나는 다시 씩씩하게 집을 나섰다. 교회에 도착하니 12시였는데 아직도 설교말씀이 끝나지 않았다. 길기도 하여라, 우리 목사님 말씀.

하지만 나는 오늘 목사님 말씀 때문에 많은 찔림을 받았다. 거라사 지방의 귀신 들린 자에 대하여 말씀하시는데 왜, 유독 술 담배에 대한 이야기가 많이 나오는지.... 하나님은 어제 밤 내가 무슨 짓을 했는지 다 알고 있는 것처럼 '확인사살'을 하시다니요!

목사님을 통하여 하나님은 이렇게 말씀하셨다.

사람은 그 속에 무엇이 있는가, 또 그 사람이 무엇에 붙잡혀 사는가에 따라 삶의 가치가 달라질 수 있다는 것입니다. 네, 아멘
어떤 사람들은 술에 붙잡힌 사람이 있습니다. 술을 안마시면 착하고 얌전한 사람이 술만 마시면 사람이 변해서 행패를 부리고 다른 사람들을 괴롭힙니다.

하나님. 하지만 저는 술에 붙잡힌 사람은 아니라고 생각하는데요? 제가 술만 마시면 약간 사람이 변하기는 하지만

주사도 없고 유쾌 상쾌 통쾌한 시간을 보내다가 기분이 가라앉으려고 하면 얼른 자리를 피해 집으로 쏜살같이 오지 않습디까! ... 네, 하나님. 하긴 요즘 저는 술자리가 좀 많다고 할 수 있겠지요. 일주일에 한 번 정도면 좋겠는데 그게...잘 안된단 말씀입니다...

한 인간의 가치가 얼마나 중요합니까. 귀신이 있을 곳은 사람이 아니라는 것입니다. 귀신은 더러운 곳, 저 영원한 지옥에나 들어가야 한다는 것입니다.... 많은 사람들은 영혼보다 돈에 관심이 있습니다. 내 영혼이 어찌되었건 부자가 되었으면 좋겠다고 생각합니다.... 예수 믿으면 손해 보는 겁니까? 오히려 예수 안에 들어오면 등산하고, 골프치고, 술 마시는 것과는 비교가 되지 않는 참된 행복이 있다는 것을 알아야 합니다.

하나님, 등산, 골프, 술 마시는 것은 취미 생활인데 어찌하여 자꾸 제재를 하시는 것입니까? 오히려 위의 말씀처럼 영혼보다 돈에 관심 있는 그 상황에 대하여 고민하면서 진실하게 사는 것이 더 중요한 일 아닐까요? 어떤 목사님은 테니스 치는 것이 스트레스 해소로 너무 좋다고 하신 적이 있는데 그렇다면 테니스도, 수영도, 다 버려야 하는 것입니까? 아닌 것 같은데요... 뭐든지 과하면 부족함 보다 더 못하다는 과유불급의 철학에 맞추어 잘 절제하면 되지 않을까요? 삶은 즐기고 누리고 잔칫집처럼 웃으며 살아야 하는 것 같은데요.

   하나님. 예전에 안데르센 동화집인가 하여튼 어디선가 읽은 동화인데요, 사람들이 멋지고 평화롭고 아름다운 들길을 걸어 교회로 갔답니다. 화창하고 기분 좋은 날이었지요. 그런데 교회에서 목사님께서 침을 튀기면서 지옥, 죄, 벌에 대하여 열과 성을 다하여 설교하셨다는 게 아닙니까! 덕택에 평화롭던 순하디 순한 시골의 착한 교인들은 모두 무서워 벌벌 떨면서 집에 갈 때는 주변의 아름다운 자연을 보고 음미하고 즐길 여유도 없이, 시름에 젖어 돌아갔다는 이야기입니다. 하나님, 이왕이면 모든 것을 절제하면서 즐길 수 있게 해주십시오. 이럴 때는 꼭 하나님이 교회 안에만 있느냐고 항변하고 싶잖아요. 요즘 어떤 신학자들은 교회 안에 하나님이 안계시다, 고 선언하기도 하는 모양인데요... 앗, 죄송, 하나님! 아무튼 오늘 말씀을 통하여 저의 음주가무에 대하여 절제할 것을 결심합니다!

   3부 예배 후 목양실에서 담임 목사님을 모시고 역사 자료팀 회의 한 시간가량 열띠게 진행했다. 최우수 브레인들이 집합된 만큼 회의 진행에 별 무리 없었고, 일사천리로 잘

처리되었다. 추수감사절에 100주년사 발간을 목표로 집필 교수에 대한 독려, 자료, 사진 등 수집 차원, 그리고 출판사 선정이 언급되었다. 나는 교수님이 일차, 이차로 보내온 원고에 대한 교정 작업을 지시받았다. 8월 말까지 작업 완료 목표로 진행하기로. 이제부터 바쁘게 생겼다. 역사란 무엇인가. 100년 된 교회에서 무엇을 보여 줄 것인가. 나는 잠시 다른 생각을 하기도 했지만 네, 주님, 하면서 순종했다.

집에 와서 확인해보니 1, 2차 원고만도 이미 천 장을 넘어선 상태이다. 꽤 두꺼운 100년사가 될 것 같은 예감이 들었다.

이번 주 프린트해서 대강이나마 교정을 봐야 할 것이고, 교정이 잘 되면 곧 교수님께 송부해 드려야 할 미션이 주어졌다. 잘 될까, 하는 의구심을 가진 나를 잘 다독였다. 누가? 내가. 잘 될 것이다, 라고 내 자신을 안심 시켰다. 회의가 약간 미진하여 일행은 식당에서 모여 같이 식사하면서 계속 회의를 진행했다.

오후 예배는 8월에 있을 남성 집회를 위한 헌신예배였다. 외국에서 남성 집회를 이끈 사례들을 비디오로 보니 장난 아니었다. 한국의 남자 교인들이 여자 치마꼬리를 붙들고(대개 그렇다는 말이다) 교회에서 별 운신을 못하는데 이번 기회를 통해 우리 교회에 있는 남성들 기가 팍팍 살 것 같은 불행한(?) 예감이 들었다.

사실, 여자들처럼 말이 많지 않은 남성들 가슴에도 한이 있다고들 한다. 말 못하는 것들을 다 끄집어내면 새로운 비전을 향해 가는 목적에 다 근접할 수 있을 것이다. 신앙공동체에서 마음을 합하는 계기도 될 것이렷다!

하늘에서 들이붓는 듯한 억센 빗줄기를 뚫고 다섯 시가 넘어서야 겨우겨우 집으로 왔다. 옷이 홀딱 다 젖었다. 하늘의 양식을 많이 먹었는데 육신의 배는 헛헛했다. 이게 뭔일인고?

집에서 삼겹살 구워먹자는 남편을 꼬드겨 큰 우산 하나 받쳐 쓰고 동네 곱창 집으로 갔다. 순대곱창이 며칠 전부터 눈앞에 어른거렸기 때문에 오늘처럼 비 오는 좋은 기회를 놓칠 수 없었다. 술국, 천엽, 순대곱창을 앞에 놓고 남편과 나, 둘만의 대화시간을 가졌다. (안주만 먹었다고 말하지는 않겠다.) 결국 비가 오는 바람에, 주님을 만났다고나 할까... 피곤할 때 술 한 잔은 정말 좋다. 기분 좋게 잠이 들었다. 오늘, 나는 만족했다. 처음부터 끝까지!

他人의 장례식

아래의 글은 나의 블로그에 올린 오늘 일기의 전문이다.

새벽 4시에 일어나 꽃단장하고 타인의 장례식에 간다. 역까지 바래다 준 택시기사가 묻는다. 전철이 있나요? 다섯 시에 첫 차가 있습니다. 나는 검은색 일습의 단정한 옷차림에 맞게 그렇게 단정하게 말해준다. 첫 전철을 타면 대개 비슷한 모습을 한 중늙은이들이 자리를 잡고 있는 것을 볼 수 있는데 건설현장에서 일하시는 분들 같다. 허름한 작업복차림의 그들은 오늘 어디에서 구슬땀을 흘릴까. 그들의 자식들이 스타벅스 커피를 마시고 대형영화관에서 시원한 바람을 맞으며 영화 한 편 때릴 동안.

다섯 시 사십분에 교회에 도착하여 여섯 시 새벽예배를 드린다. 부지런하고 신심 깊어 보이는, 얼굴 표정이 온화한 신자들이 한 목소리로 찬송가를 부르고 말씀을 듣는다. 중간에 예배당을 나와 지하 홀로 간다. 조가를 연습하는 사람들은 모두 열심이다. 분명 살아 생전에는 얼굴 한 번 안 보았을 사돈의 팔촌 쯤 되는 장례식이다. 그래도.

비 내리는 장례식장에서 조가를 부른다. 잘 부르지는 못하지만 정성이 깃들어 있는 조가는 모두에게 은혜를 준다. 나는 타인의 영정사진을 본다. 1928년생. 만 80세 노인의 얼굴이 희미하다. 호상이어서일까 상주들의 얼굴이 그다지 어둡지 않다. 기독교에서는 장례식을 천국환송예배라고 하는데 정말 그분은 천국에 가셨나?

장례버스를 타고 벽제로 간다. 셀 수 없을 만큼 많이 그곳에 갔다. 요즘은 죽기도 힘들다고 한다. 화장장 예약이 밀려 사흘 장이 아니라 나흘 장이 될 수도 있다는 말도 들린다. 후손들의 걱정을 덜어주려면 오전, 그것도 아주 이른 시각에 돌아가셔야 한다고.

장례식의 주인은 망자가 아니고 상주들이다. 상주들은 바겐세일처럼 장례를 치른다. 빨리, 신속하게, 그리고 그만큼 빨리 잊을 것이다. 로전실로 들어가는 관을 본다. 요즘은 현대화가 되어 모두 자동으로 이루어져있다. 문이 닫힌다. 다가올 어느 날 나의 관이 저곳으로 들어가고 저렇게 문이 닫히면 나의 장례식에 온 사람들은 무슨 생각을 할까

상주들은 우리에게 점심을 대접한다. 제법 멋들어진 식당에서 만 원짜리 삼계탕을 먹는다. 닭은 정말 크다. 타인이 불화로에서 활활 타는 동안 우리는 땀을 흘리며 삼계탕을 먹는다. 인삼을 골라내면서 건강을 이야기한다. 아무도 망자에 대하여 묻거나 이야기하지 않는다. 이야기는 온통 미래에 관한 것뿐이다. 미래, 그것이 나에게 있는가.

귀가 길에 나는 홀로 떨어져 북한산을 지나는 시외버스를 탄다. 구불구불한 길옆에는 뉴타운 아파트가 새로 입주중이다. 최신 디자인으로 지어진 아파트는 갓 태어난 아이처럼 환상적이어서 탄성을 자아낸다. 도시의 사람들은 인위적인 건물에 익숙하고 아파트 개념은 아직도 재산 가치로 판명된다. 산 쪽에 자리 잡은 아파트 동 호수를 마음에 담는다. 저렇게 산 바로 아래 아파트에서 살면서 코앞의 산을 매일 바라보는 사람은 신나겠다, 그렇게 생각하는 내가 아무리 우스워도 내 생각은 멈추지 않는다.

집에 도착하자마자 나는 옷을 훌훌 벗는다. 벽제 화장장에서 몇 시간 머물다 온 나의 옷가지들은 세탁기 속으로 들어간다. 중음의 시간처럼 그 옷들은 내일까지의 시간을 어두운 세탁기 속에서 견디어야 한다. 나는 죽은 듯이 두 시간 잠을 잔다. 꿈은 두서없이 계속 이어진다. 혼자 삼계탕 먹은 것이 미안하여 사온 닭 한 마리도 냉장고에서 중음의 시간을 견디고 있을 것이다.

우리는 삶과 죽음을 옷처럼 입었다, 벗었다 하면서 오늘을 살고 있다. 오늘 장례식을 치룬 타인에 대하여 십 분이나 생각했을까? 그렇다면 나는 왜 타인의 장례식에 갔던 것일까? 누구를 위하여 장례식에 참석하여 조가를 불러준 것일까. 내 삶에서 가끔 타인의 죽음이 보이는 것이 필요해서였다가 가장 솔직한 나의 대답이다.

나는 내 죽음을 타인이 와서 관람하면서 자신의 삶에 어떤 가치를 부여하는 짧은 시간을 가지는 것을 용납할 만큼 관용이 있지 않다. 그러면 어떻게 해야 할까. 내 장례식에 타인이 오는 것을 사양한다고 유언에라도 써야하는 것인가?

아들을 위하여 닭 요리를 하면서 아들에게 문자를 보냈다.

오늘은 닭!

정확하게 5분 후 아들이 집으로 왔다. 어찌나 닭 요리를 좋아하는지 집에서 닭 요리를 한다는 정보를 입수하면 회식자리도 마다하고 집으로 뛰어온다. 뭔가 아들의 비위를 맞추어야 할 일이 있을 때 혹은 저녁 외출이 있을 때 닭 요리 하나면 모든 것이 용납되고 통과된다. 만원 안짝으로 사람의 마음을 휘어잡을 수 있다니 우리 아들은 참 소박하시구나.

낮에 거하게 먹은 삼계탕으로 인하여 체지방이 매우 염려된 나는 저녁에 두 시간은 천변을 걸을 결심을 단단히 했다. 두루마리 화장지와 락스는 오는 길에 사서 들고 걸어오기로 했다.

아들의 저녁을 차려주고 집을 나섰다. 휴대폰에 내장된 99곡의 음악을 들으면서 기분 좋게 걸어야지 하는데... 늘 가는 단골 선술집에 혼자 앉아있는 시인을 발견했다!

문을 죄다 열어놓아 속이 훤하게 들여다보이는 바람에 나에게 발각당한 시인은 나를 보고 놀라는 눈치다. 자다 일어난 맨 얼굴에(분명 부수수했을 것이다) 짧은 반바지(오동통한 종아리가 그대로 드러난)에 헐렁헐렁한 티셔츠차림의 나는 시인의 (비어있는) 앞자리에 앉아 잠시 놀다가기로 했다.

선술집 바로 옆은 잔디에 여러 풀들이 있어서 운치가 그만이었다. 문학과 문학을 사랑하는 영혼과 그리고 삶의 방식, 뭐 그런 다양한 주제들이었지만 내면의 이야기들이 주종을 이루다 보니 대화가 맛깔났다. 술 두 잔 얻어 마시고, 담배 두 대 곁들여 피우고 일어섰다.

체지방을 줄이기 위하여 천변 한 바퀴 돌 시간에 안주 몇 점 집어먹고 술 한 잔 했으니 체지방이 오히려 플러스 되었을 것이다.

음악을 들으며 천변을 걸었다. 비가 그친 천변은 서늘했고 걷기에 아주 좋은 시간이었다. 걸으면서 시인과의 대화를 생각했다. 시인은 나에게 자유로워 보인다고 말했다. 나는 시인에게 물었다. 무엇이요? 그냥, 다요.

나는 생각했다. 나는 자유로운가? 과연 자유로운가? 끝없이 뻗어갔던 영혼의 자유로움 때문에 나는 얼마나 많은 고통을 받아야 했던지! 나는 시인에게 말했다.

"자유로울지도 모르지요, 남들에 비하여서는. 나의 본성을 나는 알아요. 블로그에 나에 대하여 말하는 대문글에도 썼잖아요. 〈퇴폐적이고 감상적이며 비도덕적이며 비이성적이며 비논리적이며 충동적이며 무모하며 파괴적이며 열정적인〉 그런데 삶은 그 본성을 끊임없이 가라앉히고, 그리고 숨기고, 발설하지 말라고 강요하지요. 특히 종교에서는 정반대의 삶을 요구하지요.

나는 하나님께 늘 묻습니다. 하나님, 왜 나에게 이러한 감성을 주셨나요? 분명 쓰실 곳이 있을 텐데 그것이 무엇인가요? 가장 나다운 내가, 나만이 할 수 있는 것을 말해주세요.

그것에 대한 응답이 왔다고 생각했어요. 나는 그것을 느꼈어요. 하나님이 나에게 지시한 어떤 것을요. 그래서 나는 7월 한 달 동안은 소설에 대하여 생각하지 않고 그 시간을 완전하게 누리면서 다른 어떤 글(시인에게 일기를 쓴다고 말하고 싶지 않았다)을 쓰고 있는 것이지요."

천변의 끝까지 걸어갔다. 천변의 끝에는 홈플러스가 있

다. 24개 롤 화장지를 사고 향 락스, 그리고 내가 좋아하는 (좀 비싼) 블랙커피 한 캔을 샀다. 한 손에는 화장지 뭉치를 들고 다른 한 손에는 비닐봉지를 들고 2킬로 가까운 천변을 다시 걸어왔다. 힘들었지만 내 몸에 대한, 내 영혼에 대한 고행이라고 생각했다. 자유롭고 싶은 여자, 그리고 하나님께 순종하고 싶은 하나님의 자녀가 내 몸 안에 공생하고 있다.

내
가

나
를

바
라
볼

때

오늘의 묵상.

원수들은 말합니다. 기도를 그렇게 열심히 드렸는데 무슨 응답이 있느냐고, 기도하나 하지 않으나 무슨 차이가 있느냐고, 그들은 묻습니다. 지푸라기만도 못한 우리 자신의 몰골을 확연히 보게 하여, 우리 같은 존재들이 드리는 기도가 과연 하나님께 올라가기나 할지 좀처럼 믿지 못하도록 만듭니다. 우리는 이렇게 마음에 대고 속삭이거나 소리치는 영적 원수들에 맞서서 싸워야 합니다. 우리에게 있는 무기는 하나님의 복된 말씀입니다.

아멘!

나에게 필요한 말씀을 직빵으로 주시는 하나님께 감사했다. 지극히 양심적인 것 같지만 결국 가학적 자기비판으로 인해 하나님께 가까이 가지 못하게 하는 원수들의 술수라는 것을 잊지 말자. 나는 하나님이 너무도 예뻐하는 딸이다! 어리석고 실수투성이인 나를 보고 기쁨을 이기지 못하고 잠잠히 바라보시는 그런 아버지가 바로 나의 하나님이다!

사도행전 6장을 묵상했다.

믿음과 성령이 충만한 일곱 집사. 그 중에서 스데반은 은혜와 능력이 충만했고 지혜와 성령으로 말했다고 적혀있다.

속에 있는 것들이 충만하니 얼굴도 천사의 모습으로 바뀌는 것 같다.

공의회에 앉아 있는 사람들이 모두 스데반을 주목하여 보니, 그 얼굴이 천사의 얼굴 같았다.

[사도행전 6 : 15]

스데반의 얼굴이 천사의 얼굴 같았다는 것은, 설마 예쁘고 잘생기고 멋지고 날씬하고 그런 차원은 분명 아닐 것이다.

근데 요즘 사람들이 나를 보고 그 비슷하게 말한다.

교회에서 만나는 어르신마다 나를 붙잡고 칭찬을 늘어놓으시는 것이다. 얼굴이 뚱뚱해진 것을 보고 〈은혜 살〉이 라고들 말씀하셨다. 교회에 다니는 사람, 더 넓게는 기독교인의 얼굴이 다 천사의 얼굴 같으면 얼마나 좋겠는가마는 어려운 일일 것이다. 천사의 얼굴.... 그것은 남녀노소를 불문하고 얼굴에서 느끼는 분위기를 말함은 물론이다. 화가 나도 꾹 참고 표정관리를 하는 것도 필요하다. 천사도 만들어진다. 웃으려고 노력하고, 친절하려고 노력하고, 행복하려고 노력하고, 용서하려고 노력하고.

세상에 노력 없이 되는 일은 은혜로 받은 구원밖에 없다고 나는 생각한다.

미국 언니가 전화를 했다. 웨스턴 유니언으로 한국 여행비 송금했다고. 대강 걸쳐 입고 동네 은행으로 달려가 구좌하나를 열어놓았다. 이번에 오는 언니 돈은 절대 손대지 말아야지, 결심에 결심을 거듭하면서 아예 딴 통장을 만들었다.

마악 노트북을 켜려는 순간, 남편이 불렀다.

"여기 좀 와 봐."

남편이 쇼핑 백 하나를 방구석에서 발견했는데 그 속에잊었던 사진들이 한 무더기 들어있었던 것이다. 부모님 사진, 나 어릴 때의 사진, 스무 살 때 사진, 증명사진, 행사사진 등이 두서없이 섞여있는 사진을 보고 가슴이 울컥했다. 사진은 잔인하다. 그 때 그 시절 그 사연들을 적나라하게 보여주고 있었다.

내가 지나간 시절의 나를 바라볼 때 나는 지독하게 슬퍼진다. 내가 과거의 나를 바라볼 때 나는 얼굴을 가리고 싶어진다. 그것은 상처인지도 모른다. 내가 나를 사랑하지 못했던 시절은 나에게 고통을 주었다. 다섯 살 쯤 된 내가 언니와 함께 한복을 입고 마당에서 찍은 흑백사진도 보였다. 참으로 오래된 기억들이 솔솔 떠올랐다.

스무 살 이후의 사진은 불행해 보였다. 그 속에 찍혀있는나의 모습은 웃고 있어도 우울해 보였고, 한없이 깊은 나락으로 빠져 들어가는 표정들이었다.

나는 소망 없이 사는 삶이 어떠한 것이라는 것을 조금은 안다. 미래에 대한 아무런 꿈도 없이 살아가는 사람들이 매일 어떠한 생각을 하며 사는지도 조금은 안다. 내가 그렇게 살았기 때문이다.

옛날 기억을 더듬으면서 사진들을 넘겼다. 나는 다시는 젊어지고 싶지 않다. 스무 살 어귀였던 나는 그 젊은 시절에도 하루 빨리 늙고 싶었고 그리고 빨리 모든 것을 잊고 싶었다. 나에게는 아직 해결되지 않은 쓴 뿌리들이 그것도 매우 억센 쓴 뿌리들이 남아있는 것 같다. 그것들은 가끔 내 가슴을 후벼 파고, 돌이킬 수 없는 과거 때문에 현재까지 지속적으로 상처를 주는 역할을 하기도 했다.

저녁에 집에서 남편과 삼겹살을 구워먹었다. 양송이버섯, 양파, 마늘, 신 김치에 파 무침까지 곁들어 제법 풍성했다. 아무리 천천히 마시려고 해도 그냥 술술 넘어가는 술.

결국 토요일 번개, 비 오는 주일 저녁 남편과, 그리고 어제 우연히 만난 시인과, 그리고 오늘... 그렇게 연이어 술을 마시게 되었다. 반성할 부분이었다. 양의 많고 적음을 떠나 이것은 좀 문제가 된다. 반성 곱배기.

밤 열시 다 되어 단골 선술집에서 수필 쓰는 문우와 잠깐 만났다. 초콜릿 향이 나는 특이한 아일랜드 술과 분홍색 머플러, 그리고 흑사탕을 선물 받았다. 한 시간 가량 (술 없이) 문학에 대한 진솔한 이야기 나누었다. 글쓰기는 중년에서 노년에 이르는 긴 시간 동안 즐기기에 최고이지 않나하는 이야기도 곁들였다.

글쓰기를 즐긴다... 나에게 있어서 글쓰기를 즐긴다는 말은 어울리지 않았다. 하긴 요즘처럼 글쓰기에 부담 없으면 즐긴다는 표현을 써도 무방하겠지만.

그녀의 차를 타고 스테레오 빵빵하게 울리는 음악을 조금 듣다 집에 왔다. 모두 잠들었는지 조용하다. 거울을 보니 얼굴이 발그레했다. 술김이었을까, 그녀가 준 머플러를 목에 두르고 거실에서 혼자 춤을 추었다. 오래도록 춤을 추었다.

실
패
는

일
상
적
인

경
험
이
다

늦잠 자는 바람에 묵상 기도와 성경 읽는 시간이 딜레이
되었다. 새벽의 필만큼 멋지지 않다. 요즘 늦잠을 많이 잔다.
늦잠을 자게 되는 이유는 말하지 않아도 내 양심이 알고 있

었다. 물론 그렇다고 해서 새벽에 못 일어날 것은 아니지만 어쩐지 마음도 풀어져 있는 상태라고 느껴졌다. 결국.... (술 때문에) 이번 주는 완전 엉망으로 시작하고 계속 엉망이다.

오늘은 교회 두 번 가는 날.

오전에 기도회가 있다. 반성의 의미로 일찍 가서 기도 많이 하기로 했다. 부지런히 준비하고 교회로 뛰어갔다.

그런데 막 기도실로 들어가려는 데 정면으로 딱 마주친 선배 권사님이 불러 세웠다.

"지금 뭐 할 일 있어요?"

"그냥 기도 좀 하려는데요."

"그럼 나 좀 도와줘요. 화분을 옮기려고 하거든."

"넵."

그리하여 미화위원인 권사님과 대형 화분을 낑낑거리면서 일층에서 지하로 운반했다. 나야 맨날 머리 쓰고 기껏해야 손목 쓰는 일만 해봤지 육체적 노동은 거의 해 본 적이 없는 터라 무지하게 힘들었지만 꾹 참았다. 두 번째 화분을 나르는데 또 다른 선배 언니가 나를 불러 세운다.

"대걸레 가져다가 여기 좀 닦아라. 내가 흘렸는데 누가 미끄러지면 큰일이니까. 나 빨리 병원 선교 가야하거든."

"넵."

교회 봉사라면 첫째 둘째를 꼽는 왕언니는 카트 가득 무엇인가 싣고 병원 선교 가는 길이었다. 그런데 대걸레가 어디 있단 말인가. 정말 난생 처음 화장실을 뒤져 겨우 대걸레를 찾아냈다. 그런데 놀라웠다. 대걸레가 그렇게 무거운 줄 몰랐다. 질질 끌면서 겨우 청소해야 할 자리로 갔다. 흥건하게 고인 물을 닦는데 결코 쉬운 일은 아니었다. 미화위원 선배 권사님이 나를 보고 웃었다.

"기도하려는 사람 불러서 일 꽤 시키네."

"뭘요, 이것도 다 기도지요."

교회에 가면, 특히 주방에는 늘, 언제나 사람들이 있다. 그곳에서 숨어서 봉사하는 분들을 보면 정말 고개가 절로 숙여졌다.

내가 별로 좋아하지 않는(실은 그 분을 교회에서 좋아하는 사람은 없을 것이라고 생각한다)분이 한 분 계신데 언젠가 보니 설거지를 열심히 하고 계셨다. 그 후로 계속 지켜보게 되었는데 그 분은 거의 언제나 설거지통에 손을 담그고 계셨다. 고약한 말버릇 때문에 왕따를 당하는 분이었는데 변함

201

없는 봉사의 모습을 보고 나는 마음을 바꾸기로 하였다. 욕도 잘하고 남 흉도 잘보고 시험주는 데는 일등을 도맡아 하는 분이 봉사에는 열정적인 것이 아이러니이기도 했지만 사람마다 좋은 점 나쁜 점이 공존하는 것이 당연하지 않은가. 매일 교회에서 철야하는 그 분에게 떡 한 봉지 사다 드리면 꽤 좋아하실 것 같다. 조만간 떡 선물할 결심을 단단히 했다.

교회에는 많은 일꾼이 필요하다.

성경의 마리아와 마르다 이야기에서 마리아는 좋은 것을 택했다고 하는데, 나는 마리아의 기질을 타고 났다. 성경 공부, 기도, 예배, 찬양을 좋아하는 나는 예수님의 말씀처럼 좋은 것을 택한 것이 틀림없다. 결국 나의 사역도 그 쪽의 일을 많이 하게 된다.

하지만 일하는 마르다의 역할을 결코 소홀히 여겨서는 안 될 것이다. 기도실에서 기도하다 보면 부엌에서 도란거리면서 일하는 소리가 들려온다. 그럴 때, 나는 누구인지 모를 식당 봉사자를 위하여 아주 잠깐이지만 화살기도를 한다. 그분들이 기도를 할 줄 몰라서 안 하는 것이 아니라 자신의 기도 시간을 빼 내어 남을 위하여 교회를 위하여 예수님을 위하여 봉사하는 것이 아닌가.

기도회 때 찬양이 참 좋았다.

〈여기에 모인 우리〉를 찬양드릴 때 또 다시 가슴이
울컥했다.

주님이 뜻하신 일 헤아리기 어렵더라도 언제나 주 뜻 안에
내가 있음을 아노라...

아멘, 주여. 내가 언제나 주 뜻 안에 있음을 확신하게
해 주시옵소서.

담임 목사님께서 말씀 인도. 그런데 그 서두가 이러했다.

개척교회 할 때의 일입니다. 어느 날 포장마차 바로 앞을 지나게 되
었습니다. 그 때 포장마차에서 누군가 나오는데 딱 마주치게 되었습니
다. 그 분은 바로 우리 교회 집사님이었습니다. 술 한 잔 하시고 나오
는 길인 것 같습니다. 나는 반가워서 집사님~ 하고 반갑게 불렀지만 그
집사님은 안절부절이었습니다. 황당한 모습으로 적당하게 인사를 하
고 도망치듯 헤어진 그 집사님은 그 후로 교회에 나오지 않는 것이었
습니다. 아마 술 한 잔 하고 목사를 만났다는 것이 굉장히 힘들었던 모
양입니다. 아니, 남자가 술 한 잔 할 수도 있는 것인데, 나는 그 집사님
을 충분히 이해할 마음이 되어 있었습니다만 문제는 그 집사님이 견딜
수 없었던 것이지요....

나는 놀랐다. 아침 내내 술 때문에 반성모드로 가고 있는
줄 어떻게 아시고 저런 말씀을 하시는 것인가. 솔직하게 말

한다면 여선교회 기도회에서 술 이야기는 그다지 연관이 없는 소재이지 않던가! 남성들만 모이는 남성 집회라면 또 모르지만. 아무리 생각해도 목사님이 그런 이야기로 서두를 꺼낼 이유는 단 하나, 하나님이 나에게 말씀하시려는 것으로밖에 이해되지 않는 순간이었다.

또 목사님의 말씀이 굳세게 이어졌다.

여러분. 실패는 일상적인 경험입니다. 성경에는 실수, 실패에 매우 적나라합니다. 아내를 누이라고 속이고 선물까지 받아 챙긴 아브라함, 남의 아내를 범하고, 그 남편을 죽이기까지 한 다윗, 예수를 부인하고 저주한 베드로, 전도하다 쌈박질이 일어나 다투고 갈라선 바울... 수도 없지요. 하나님은 수리공이고 정비공입니다. 우리의 허물을 고쳐주고, 싸매주고, 다시 리모델링 해줍니다.

이 세상에서 죄인들을 (쌍수를 들고 환영하면서까지) 오라고 하는 곳은 교회밖에 없습니다. 이사야 서를 보십시오. "오라 우리가 서로 변론하자 너희의 죄가 주홍빛 같을지라도 눈과 같이 희어질 것이요 진홍 같이 붉을지라도 양털 같이 희게 되리라..."

우리는 뻔뻔해져야 합니다. 우리는 하나님의 은혜 때문에 뻔뻔스러워질 수 있습니다. 그 중 제일 뻔뻔스러운 사람이 바로 목사입니다....

그래, 나는 더욱 뻔뻔해지련다. 요즘 내 소행이 비록 주홍빛 가까운 물들었다고 해도 어느 한계에 이르면 내 안의 성령이 나를 다그치고, 다시 하나님이 원하는 방향으로 몰고 갈 것을 믿으련다. 누가 뭐라고 해도 나는 하나님이 좋고, 예수님이 좋으니!

마무리 찬송이 나를 감격하게 하였다.

214장 내 모습 이대로 주 받아주소서...

나는 나를 합리화시키지는 않겠다. 하지만 이제껏 억눌리고 매일 하나님께 야단맞는 느낌을 가진 나였다면 앞으로는 뻔뻔하고 떳떳한 하나님의 자녀로 살고 싶다. 삶의 모습을 본다면 이전의 내가 더욱 견실하고 신실하고 그리고 마음과 행동이 하나님 보시기에 좋았다. 하지만 그것은 야단맞지 않으려고, 벌 받지 않으려고 가슴 두근거리면서 눈치 본 것이었다. 그래, 나는 좀 더 뻔뻔해 질 것이다.

기분이 좋아 집에 오는 길에 점포 정리하는 옷가게에서 마음에 드는 옷을 두 벌 샀다. 두 벌 모두 만 얼마 하는, 정말 놀랄만큼 싼 가격이었지만 내 마음에는 동그라미 하나 더 붙여도 납득이 될 만한 좋은 옷이었다. 옷을 사면서 하나님께 감사기도를 올려드렸다. 샌들까지 옆구리가 터지는 바람에(수선해서 한 달 신었고, 엊그제 강력 본드로 붙여서 신었지만 기어이 또 뜯겨져 나갔다. 이제는 더 이상 재활용이 힘들게 된,

작년에 만원 주고 산 그 샌들) 다시 만 얼마짜리 샌들까지 덧붙여서 사서 신고 당당하게 집으로 돌아왔다. 오늘은 마음에서부터 신발까지 완전 변신에 성공했다.

두 시간 가량 집에서 쉬었다. 아들 저녁으로는 햄버거 세트. 어떻게 해서 햄버거 하나 값이 그렇게나 비싼지 정말 이해되지 않았지만 그래도 아들이 좋아하니까. 여분으로 산 햄버거를 반으로 잘라서 남편과 내가 나누어 먹었다. 맛있었다. 햄버거라면 보기만 해도 끔찍해하던 남편이 반쪽을 얻어먹으면서 서운한 표정을 지었다. 다음에 온전히 한 개를 사다 주겠다고 약속했다. 아들 책상에 프렌치프라이, 콜라, 햄버거를 올려놓으니 마음이 뿌듯해진다. 아들이 와서 보면 신나라, 하겠지. 프렌치프라이는 나도 무척 좋아하지만 아예 포장을 뜯지도 않았다. 슬금슬금 빼먹다 보면 아들 줄 것이 없어지니까.

생각해보니 단 한 번도 패스트푸드 점에 앉아 햄버거 세트를 먹어 본 적이 없다. 꼭 돈이 없어서라기보다는 쓸데없는 가격 대비 때문이었을 것이다. 저 금액이면 닭이 한 마리네, 저 금액이면 불고기를 해먹을 텐데 하는 지극히 아줌마다운 계산방식 말이다. 나는 내가 다른 사람에 비하여 많이 자유롭다고 생각했는데 곰곰이 지난 역사를 더듬어보면 그렇게 정신이 자유롭지는 않아 보인다. 물질의 부족에서 오는 결핍도 사실 굉장한 데미지다. 나는 마음을 바꾸기로 했다. 이제껏 하나님이 나에게 인색했으니 앞으로는 좀 쓰시겠지. 펑펑.

　나에게 누군가 용돈 이십 만 원쯤 주었으면 좋겠다. 마음대로 쓰라고 말이다. 들으셨죠, 하나님!

　다시 교회에 가는 전철에서 『씨크릿』을 읽었다. 정석만 말하는 게 꼴 보기 싫어서 안 읽으려고 했지만 어쨌든 책이므로 자꾸 손이 가게 되는 것은 어쩔 수 없었다. 생각을 바꾸어야 하는 사람들에게는 정말 좋은 책이 될 수 있을 것이라고 긍정적으로 결론을 맺었다. 좋은 생각을 해라, 그게 뭐 나쁜 말인가. 당근 그렇게 살아야지!

　교회에 일찍 가서 예배당에서 십여 분 묵상했다. 호주에 가서 컨퍼런스 참석하고 온 전도사님의 열정적인 말씀이 있었다. 차세대의 예배 형식은 아무래도 많이 바뀔 것 같은 조짐이 느껴졌다. 문화에 따라 적극적인 변신을 시도하는 것이 좋은 변화인가에 대해서는 아직 잘 모르겠다. 나는 정통 예배, 특히 가톨릭적인 예배 형식이 마음에 든다.*)

경건하고 조용하고 하나님의 임재를 느낄 수 있는 분위기 말이다. 시끄럽고 아우성치고, 손뼉 치는 분위기에는 아직도 접근하기 좀 꺼려지는 감이 있다.

성가연습 한 시간. 천국처럼 느껴지는 금쪽같은 시간이 빠르게 흘렀다. 그 시간을 나는 충분히 누렸다. 늘 나를 태워주는 후배 권사님 차에서 아무 말 없이 합창 시디만 들었다. 클래식의 매력을 흠뻑 느낀 좋은 시간이었다. 집에 다 올 때쯤 빗줄기가 굵어지면서 사정없이 비가 쏟아졌다. 비, 비, 비...

그렇구나, 이번 주일 이렇게도 술을 많이 마신 이유 중하나가 바로 비 때문이었구나. 왜 비가 오면 사람들은 술 생각이 나는지 그 이유에 대한 성찰이 담긴 논문이라도 있는지 검색 좀 해봐야겠다. 비가 술에 미치는 영향, 이런 논문!

★) 얼마 전, 한 달 동안 이중생활(?)을 한 적이 있다. 오전에는 교회에서 예배를 드리고 11시에는 동네 성당으로 가서 미사를 드렸다. 솔직하게 고백한다면 성당의 미사가 훨씬 나의 예배 필에 와 닿았다. 내가 찾는 것은 경건한 예배 분위기와 그리고 짧고(많은 목사님들이 이 기가 막힌 진리를 모른다. 짧을수록 은혜가 된다는 사실 말이다. 신부들의 강론처럼 10분 이내에 엑기스만 말씀 하실 수도 있을 텐데...), 진솔한(이것 역시 많은 목회자들이 간과하고 그냥 넘어가는데, 엄숙이나 경건은 말씀에 힘을 준다거나, 눈에 힘을 준다거나, 입에 침을 튀기면서 해야만 접수되는 것은 아닐 것이다. 마음과 마음이 통할 수 있는 솔직함은 더더욱 사람의 마음을 강하게 울린다는 것을 이제는 좀 알았으면 좋겠다) 강론이다.

기도하면서 우시던 분

내 옆자리에서 한참 흐느끼시던 분
두손으로 얼굴을 가리고 어깨를 들먹이시던 분
헝클어진 머리카락까지 슬픔을 가누지 못하여
파르르 떨리던 분
나는 당신의 지난 날을 느낄 수 있습니다
서른 살 마흔 살 쉰 살의 고요한 아침을 어떻게 맞이
했는지 집으로 가는 가까운 길을 놔두고
얼마나 빙빙 돌아갔는지도

(언젠가 새벽예배 갔는데 내 옆자리에 앉은 여자분이
내내 울고 있었다 그 모습을 보고 쓴 글이다)

분홍 神

오늘의 묵상.

나의 영혼이 잠잠히 하나님만 바람이여

[시편 62 : 1]

마음속의 갈등으로 인한 소음과 세상적 욕망의 속삭임이 잠잠해지고, 나의 영혼이 하나님의 말씀을 듣습니다....하나님 앞에서는 말을 많이 하는 것보다 잠잠히 있는 것이 훨씬 더 좋습니다.... 하나님은 침묵 중에 계십니다. 하나님이 하시는 말씀을 들을 만큼 잠잠한 영혼을 찾아보기가 참 어렵습니다...

성경 묵상

사도행전 8장

오늘 성경말씀에는 유독 '기쁨'이라는 단어가 반짝거린다. 사마리아에 복음을 전했고, 그 복음으로 말미암아

8절: 그래서 그 성에는 큰 **기쁨**이 넘쳤다.

12절: 그런데 빌립이 하나님 나라와 예수 그리스도의 이름에 관한 **기쁜** 소식을 전하니...

35절: (에티오피아 내시 간다게를 만나는 장면)빌립은 입을 열어서, 이 성경 말씀에서부터 시작하여, 예수에 관한 **기쁜** 소식을 전하였다.

39절: 그들이 물에서 올라오니, 주님의 영이 빌립을 데리고 갔다. 그래서 내시는 그를 더 이상 볼 수 없었지만, **기쁨**에 차서 가던 길을 갔다.

 하나님 나라와 예수 그리스도에 이름에 관한 소식은 **기쁜** 소식이었

고, 그 말씀을 듣고 병 고침을 받은 사람들로 인해 그 성에는(사람에서 지역으로 확장되었구나!) 큰 **기쁨**이 넘쳤으며, 간다게에게 예수에 관한 기쁜 소식을 전하자, 즉시 세례를 받고 **기쁨**에 차서 가던 길을 갔다...

아아, 전염병처럼(이런 표현은 좀 그렇지만) 기쁨이 하늘에서부터 사람에게로 성까지 번져가는 모습이 너무 멋졌다.

그런데 현재 살고 있는 우리는 그 기쁨이 전파되고 있는지, 말씀을 들은 사람들이 기쁨이 넘치는지, 기쁨에 찬 생활을 유지하고 영위하는지, 그것이 정말 의문스럽다. 기독교인들이라면 적어도 교회에 다니는 사람들이라면 복음(기쁜 소식)을 듣고 기뻐해야 할 것이며, 그 기쁨이 나로부터 시작하여 가족, 그 외 관계된 많은 사람과 지역에까지 퍼뜨려야 할 것이며, 그 사람들도 기쁨에 넘쳐 가던 길을 기쁨으로 갈 수 있게 하여야 할 것이다.

두 손을 가슴에 얹고 반성해본다. 나는 기쁜가? 늘 기쁜가? ... 늘 기쁘지는 않지만 다른 사람들에 비하여 행복지수가 무지하게 높은 편이라는 소리는 많이 듣는다. 완벽한 기쁨이 이 세상에 있을까마는 8:2 정도로 기쁨을 누리고 있다고 '자가 점검'했다. 그것은 소유와 능력과는 별개의 문제인 것이 확실하다.

우리 가정의 경제를 걱정해주고 도와주는 국가의 도움

으로 병원에 가도 무조건 진찰비 천원, 약국에 가서 한 달 분 약을 지어도, 일주일 치 약을 받아도, 아무리 비싼 약을 포함해도 약사가 나에게 요구하는 금액은 단 돈 오백 원이다. 나라도 인정해주는 우리 가정의 빈곤한 사정은 교회에서는 도무지 알아주지 않는 것이 좀 그렇기는 하지만 그것은 아마, 내가 매우 부요해 보이기 때문일 것이라고 자위하고 있다.

두말할 것도 없다. 행복지수나 기쁨지수는 하나님이 주시는 평안으로부터 파생되는 것이 아니런가. 성령의 내주하심으로 초막이나 궁궐이나 그 어디나 하늘나라인 것을 고백할 수 있는 믿음이 진정한 기쁨을 가져다 줄 수 있을 것 같다. 하나님. 나에게 불순물 좀 제거 시켜 주셔서 좀 더 완벽한 기쁨을 누릴 수 있도록 해 주시옵소서.

그러고 보니 문득 C.S.루이스의 『예기치 못한 기쁨』이 떠올랐다. 이전에 읽었을 때는 무슨 소리인지 잘 다가오지 않았지만 요즘이라면 조금 더 루이스의 마음을 접근하여 읽을 수 있을지도 모르겠다. 이제는 빌려보지 말고 한 권 사서 밑줄치고 읽자!

몇 년 전, 교회에서 일 년 과정의 성인학교 프로그램에 참여했다. 열 두 명 정도의 교인들과(주로 사오십 대 여자) 담당 목회자와 같이 1:1 제자 양육 책을 교재로 대화, 토론, 연구, 수다 등을 짬뽕하여 시간이 진행되었는데 가을 막바지에 관상기도에 대한 특강을 듣게 되었다. 외부에서 초빙된 관상기도 전문 목회자가 여러 이야기를 해주었는데 그때 나는 충격을 받았다.

평소 기도에 대하여 미진하게 생각했던 모든 고민들이 한순간에 풀리는 것을 느꼈다. 그때 침묵 속에서 하나님과 교통하는 것을 배웠다. 〈향심기도문〉을 알게 된 것도 축복이었다. 그것은 그때부터 지금까지 나의 서재(마리서원)에 붙어있다. 기도문만 읽고 있어도 모든 불순물이 사라지고 온 정신이 순결하게 변하는 것 같았다.

그 은혜를 같이 나누고 싶어 이미 여러 사람에게 기도 프린트물을 선물했다. 나는 작게 프린트해서 수첩사이에도 끼워 넣었고, 성경책에도 접혀져 있다. 어디서나 기회가 되면 펼쳐놓고 읽기 위해서다. 기도문의 첫 문장은 나의 신춘문예 당선소감에도 언급했다. 그만큼 나에게는 더할 나위 없이 감동적이고 아름다운 기도문이었다.

그렇게 멋진 향신 기도물을 소개한다.

제 존재의 중심에 살아 계시는 하나님,

주님을 사랑합니다.

주님을 사랑하는 마음으로

주님께 저의 모든 것을 맡깁니다.

그리고 사랑 안에서 주님께 복종하기를 원합니다.

주님, 이 기도를 드리는 동안

주님의 현존 속에서 고요히 쉬게 하시며,

제 안에 내적 침묵이 이루어지게 하소서.

주님. 이 시간 주님이 제 안에서 현존하시며

활동하시는 것을 방해하는

정서의 찌꺼기들을 씻어주시며,

상한 감정들과 내면의 상처들을 치유하여 주소서.

주님, 이 기도를 시작하면서

거룩한 단어를 하나 정하였습니다.

그것은 제 안에 주님이 계시고, 제 안에서 주님이

활동하신다는 것에 동의한다는 저의 지향을 담은

상징입니다.

주님, 기도를 드리는 도중에 분심을 알아차릴 때마다

제가 선택한 거룩한 단어를 떠올리며 기도를

다시 시작할 수 있게 하소서.

주님, 이 기도를 드리는 동안 저를 새롭게 빚어주시고,

새롭게 창조하여 주소서.

주님, 제가 여기 있사오니, 당신의 뜻을 제게 이루소서.

나는 기도문에서의 거룩한 단어를 '주님'이라고 정하고

분심이 생길 때마다 주님을 불렀다. 막상 기도를 시작하자 내 마음속에 얼마나 많은 생각들이 가득 차 있는지 새삼 알게 되었다. 단 오 분 동안 내 머릿속은 지구를 몇 바퀴 돌고, 수십 년의 세월을 순식간에 스쳐지나가며, 그리고 슬픔과 고통과 행복의 절정을 건너뛰고 있었다.

영성이나 관상은 아무래도 가톨릭 쪽이 우세한 듯 보인다. 이참에 명동의 바오로 딸(가톨릭 서점인데 오랜 역사를 자랑한다. 우리 남편과 연애할 때 들렀을 정도로)에 가서 찾아낸 두 권의 책도 소개하고 싶다. 『내 안의 하느님 자리』라는 소책자와 『아빌라의 데레사와 함께 하는 30일 묵상집』이다.

특히 관상기도의 권위자인 아빌라의 데레사 성녀가 만든 30일 묵상집은 한 달 동안 매일 들고 다니면서 묵상하기에 기가 막히게 좋은 소책자였다. 어찌나 좋았던지 몇 권을 더 사서 지인들에게 선물했던 기억이 난다. 개신교에서의 행동중심 기도문이 아니라 심령의 깊은 곳을 뚫고 명상하게 만드는 작은 책이 주는 커다란 기쁨은 어디에 비교하기 힘이 들 정도였다.

어제 밤부터 부쩍 굵어진 빗줄기가 밤새 거실 창을 두드렸다. 거센 황톳물은 산책로를 삼키고도 모자라 기세등등하게 급물살로 흘러갔다.

그 엄청난 빗속을 뚫고 도서관을 갔다. 오늘 수필접기 동아리 마지막 수업을 한다고 해서 깜짝 등장을 할 예정이었다. 아무리 나이가 들만큼 든 사십대의 가정주부들이지만 선생을 보면 가슴이 철렁 내려앉는다고들 하니 미리 긴장하게 만들 필요가 없었다.

아닌게 아니라 내가 온 줄 모르고 강의실로 들어오는 회원들마다 깜짝 깜짝 놀라는 모습이 재미있었다. 비가 거세게 퍼부어 대는 그 어려운 상황에서도 먼 길을 마다 않고 성실하게 참석한 회원들을 보니 기특하기 짝이 없었다.(나이로 말한다면 오히려 나보다 윗 연배 되시는 분도 있고 서너 살 아래 회원도 있지만.)

회원들 틈에 끼어 앉아 그들과 똑같이 짧게 평도 하고 단상 읽기도 참여하면서 즐거운 시간을 가졌다. 나중에는 자습한 작품들에 대해 짤막하나마 촌평도 해주고 결론적인 강의도 약간 곁들였다.

수업 후, 빗속을 뚫고 전원에 멋지게 자리 잡은 칼국수 집으로 갔다. 기분이 좋아 내가 한 턱 쏘기로 한 것이다.

사골 칼국수가 어찌나 맛있는지, 전면 유리창으로 보이는 빗속의 전원이 어찌나 아름다운지, 그리고 일 년 넘게 사제의 연을 이어가고 있는 사람들과의 만남이 어찌나 좋던지 또 술 생각이 간절해졌다. 한참 고민하다가 더 참지 못하고 종업원을 불렀다.

"여기 소주 한 병 주세요."

종업원이 상냥하게 말했다.

"여기서는 술을 팔지 않습니다. 다음에는 가지고 오셔서 드세요. 그렇게 하세요."

아, 이런. 이렇게 좋은 날 술 없이 그냥 보내야 하다니. 나의 절망적인 표정을 본 회원들이 일제히 배를 잡고 웃었다.

천하장사가 먹어도 남길 것 같은 양의 칼국수를 거의 다 먹어치운 나는 집으로 오자마자 남산 만해진 배를 진정시키지도 못한 채 살풋 잠이 들었다. 나를 깨운 것은 믿음의 동역자인 친구의 전화였다. 친구의 목소리가 장난 아니게 들떠있다. 우리 당장 만나!

친구는 버스 안에서도 죽도록 뛰었는지 번개처럼 달려왔다. 그리고는 내 가슴에 던져주는 책. 유일신 신앙에 대한 김경재 교수의 본격 비판, 이라는 부제가 붙은 『이름 없는 하느님』이라는 책이었다.

한신대 교수라면 개신교 신학자일텐데 하느님, 이라고 (보통 가톨릭에서는 하느님. 개신교에서는 하나님이라고 따로따로 부르는데) 쓴 의도가 궁금해졌다. 친구는 술 마신 것처럼 흥분된 상태였다. 친구의 주량은 맥주 100cc이다. 그냥 구색에 맞게 술잔 앞에 놓고 노는 수준이랄까.

친구 말인즉슨, 우리가 만날 때마다 고민했던 거의 모든 신학적 고민이 이 책을 읽으면서 해결되었고 확신을 가지게 되었다는 것이다. 바야흐로 한국 개신교도 이제는 저렇게 도도하게 흐르는 황톳물 같은 대세를 거스를 수는 없는 모양이었다.

물꼬를 트고 열린 마인드를 보여준다는 것은 결코 타 종교에 대한 양보도 아니고 지는 것은 더더구나 아니다. 이것저것 더불어 가지고 온 책 네 권을 집에다 떨구어 놓고 우리는 물 빠진 천변을 걸었다. 오후 6시의 천변은 얼마나 아름다운지! 같이 나누는 대화는 어찌 그리 달콤한지.

그러다가 어찌하다보니 지난날의 쓴 뿌리에 대한 이야기가 나왔다. 그것은 아마 엊그제 사진 보았던 이야기 끝에 나온 것 같다. 내 스스로는 해결할 수 없는 쓴 뿌리, 한(恨), 상처, 아직 치유되지 않는 그런 아픔 기억들이 우리를 구속하고 있다는 것에 대하여 동감했다.

콸콸 흘러가는 거센 물살을 보니 문득 야곱이 말이 떠올랐다.

내 나그네 길의 세월이 백삼십 년이니이다. 내 나이가 얼마 못 되니 우리 조
상의 나그네 길의 연조에 미치지 못하나 험악한 세월을 보냈나이다

[창세기 47 : 9]

그렇다. 나에게도 친구에게도 (우리 조상의 나그네 길의 연
조에 미치지 못하나) 험악한 세월을 보냈나이다, 였다.

나는 물살을 보면서 떠내려 오는 죽은 나의 모습을 보았
다. 한때의 나는 물속에 뛰어들고 싶고, 어딘가에서 뛰어내
리고 싶었던 세월도 있었다. 잊고 싶고 잊어야 하는 기억은
하나님이 완전히 잊게 만들어 주시는 수밖에 없다.

친구와 나는 작년부터 줄곧 일박 이일 여행을 꿈꿔왔다.
하룻밤 어디 가서 - 기도원이든, 민박집이든, 절간이든 하
여튼 집을 떠나서 - 각자 틀어박혀 나름대로의 쓴 뿌리를
제거하고 오자는 희망으로 우리는 또다시 *)여행을 계획했
다. 기도를 밤새워 하든 술을 밤새워 마시든 술 마시고 기
도하든 어쨌든 간에 하고 싶은 방법을 다 써서 어떻게 하든
지 가슴에 꾹꾹 저며 놓은 상처들을 다 끄집어내고 살풀이
(이런 말 쓰면 안 되겠지만)하고 회개할 것은 철저하게 회개
하고 깨끗하고 순결한 마음으로 회복하여 돌아오자고 굳
게 다짐했다.

비는 간간히 흩뿌렸다가 그치기를 반복하는 천변을 이렇
게 오가기를 한 시간을 넘어가 두 시간을 바라보는데 친구

남편으로부터 번개 제의 전화가 왔다. 그리하여 부부 두 팀이 만나 치킨 번개!

우리 아파트 단지 내 상가 포장마차에 둘러 앉아 결국 맥주 한 잔 같이 하면서 하하 호호 즐거운 저녁을 보냄. 그렇구나, 오늘은 결국 술을 마실 수밖에 없는 날이잖나! 마음속으로는 절제를 외치지만 술잔을 든 손은 기대가 가득 차 있다. 이것을 어찌할까... 그래도 참을 만큼은 참느라 애를 쓰기는 했다. 그렇게 번개가 끝이 났다.

술은 발동이 걸릴 만 하던 차에 스톱되었으므로 나는 대략난감이었다. 하지만, 참았다. 어찌된 셈인지 잠이 오지 않아 두시 넘어서까지 책을 읽기도 하고 뭔가 끄적이기도 하면서 밤을 보냈다.

★) 결국, 우리는 가평의 산자락에 있는 필그림 하우스를 하나님의 도우심으로 알아냈고, 그곳에서 몇 번이나 일박이일을 하면서 밤새도록 하나님께 고백하고 서로의 상처를 나누고 침묵기도실에서 펑펑 울면서 기도하는 귀하디귀한 추억을 가질 수 있었다. 구하라, 얻을 것이요!

꿈속에서 돌아가신 부모님을 만났다. 한 말씀도 없는데
다가 표정까지 별로였다. 깨어나서 진짜 반성문 썼다. 진실
하게 쓴 것이 대견스러워 쪼르르 남편에게 달려가서 반성

문을 읽어주었다.

말없는 부모님의 훈계는 이렇게 받아들였다.

첫째, 너, 요즘 술을 너무 자주 마신다. 도에 지나치면 (건강에) 좋지 않다! 맞는 말씀이었다. 아침에 일어나니 왼쪽 눈동자 실핏줄이 또, 터져 있었다. 술 마시면 일어나는 현상 중의 하나다. 상비된 안약을 눈에 넣으면서 마음이 조금 우울해졌다. 내가 왜 이럴까... 장맛비 탓만 하기에는 문제가 있다. 노력할게요.

둘째! 요즘 동생들에게 너무 등한히 한다. 전화 한 통화 없이 그렇게 무관심하다니!

나는 가족에게 그다지 각별하지 않다. 전화 통화도 일 년에 몇 번 겨우 하고 만나는 회수는 일 년에 다섯 번을 넘지 않는다. 설, 추석, 엄마, 아버지 추도식, 그 외에 한 번 정도. 거리가 먼 것도 아닌데 정말 너무하지 않은가. 그네들은 내가 글을 쓰니까 방해하지 않으려고 전화도 조심해서 하는 것을 알겠다. 하지만 나는 워낙 전화 알레르기가 있기도 하지만 매일 기도는 빠짐없이 하면서도 그에 따른 행동에는 미진한 감이 없지 않은 것이다.

하나님, 이번 주 중에 한 번 만나 조카들 맛난 것도 사주겠습니다!

오늘도 반성모드로 시작한 나는 연합속회 때문에 교회

에 가면서 평소보다 더 서둘렀다. 한 시간 일찍 교회에 도착하여 지하 기도실로 직행했다! 널따란 기도실에 나홀로 앉아 묵상기도 하는데 누군가 와서 선풍기를 틀어주고 가신다. 눈은 뜨지 않았지만 감사했다. 조금 후덥지근했기 때문이다.

연합속회 예배 말씀은 사랑에 대해서였다.

사랑의 본질은 무엇인가. 사랑은 성령의 첫 번째 열매이다. 사랑의 단계에 대하여 아주 쉽게 설명해주었는데 이렇다. I meet you 에서 I think you 의 단계로 그 다음은, like, love, want, need, 마지막에는 I am You의 단계까지 간다는 것이다. 나에게는 설득력 있게 들렸다. 내가 너와 하나가 되는 순간이 바로 사랑의 완성이다.

교회에서 영화상영 행사가 있었지만 나는 그냥 나왔다. 반성모드 실행의 일환으로 동생 식구들과 점심 약속을 했기 때문이다. 마침 방학이고 동생도 집에 있는 아주 좋은 상황이었다. 점심 사준다고 큰소리치고 갈빗집으로 불렀다. 유미(올케. 늘 이름을 부른다)는 놀라서(나의 형편을 아주 잘 알고 있으므로) 동네 쭈꾸미 집으로 가자고 계속 꼬드겼지만 나는 꿋꿋하게 갈빗집을 고집했다.

실은 점심 특선으로 나오는 코스요리는 평소의 절반 가

격이었다. 게다가 냉면이나 돌솥밥도 나오고 반찬도 많이 나와서 가격대비로 볼 때 동네 쭈꾸미 집보다 훨씬 저렴한 것을 동생은 모르는 것이다. 가봤어야 알지. 나 역시 봄 학기 쫑파티 때 회원들이 예약을 해서 알게 된 것이지만.

유미 말이 모처럼(4년 만에) 갈빗집에 왔다고 한다. (동생집도 가난하기는 나와 매한가지여서)모두들 아주 잘 먹는 모습이 보기 좋았다. 어찌나 반찬이 많이 나오는지 고기가 오히려 남아도는 바람에 잘 구워서 싸가지고 갈 정도였다.

헤어지는데 유미가 용돈을 주었다. 아, 이런! 내가 지불한 음식 값보다 더 많이! 나는 극구 사양하고 유미는 진심으로 주고 싶어 하여 한참 실갱이를 하다 결국 반씩 나누어 가졌다.

콤팩트가 다 떨어져 가루를 살살 아껴 쓰는데 잘되었다. 나는 유미에게 그 돈은 나만을 위하여 화장품 사겠다고 공언했다. 유미가 웃었다.

"그러세요, 고모. 고모만 위해서 쓰세요!"

신이 나서 집에 오는 길에 – 돈 다른 곳에 쓸까봐 얼른 – 콤팩트, 스프레이, 아이 브로우 펜슬 샀다. 가방속이 빵빵하니까 휘파람이 절로 나왔다. 주고받는 것은, 특히 이렇게 사랑으로 주고받는 것은 정말 행복한 일이구나. 앞으로는 더욱 자주 만나서 만난 것 사주어야지 하고 결심했다!

집에 오니 창비(창작과 비평이라는 계간지를 말한다)가 와 있었다. 엊그제 창비 아저씨(창비 책 파는 사람을 우리는 그렇게 부른다. 예전부터 창비 아저씨는 나름대로 유명했다)의 창비 정기구독 꼬심 전화에 넘어간 나는 일 년치 구독 신청을 했다. 작년에 슬럼프에 빠지면서 정기구독을 연장하지 않았는데 아직까지 회원명부에 내 이름이 남아 있는 모양이었다. 정기 구독 보너스로 지난 창비와 책 한 권을 덧붙여 보내왔다. 낯익은 표지를 보니 가슴이 울컥해졌다. 가까이 하기에는 너무 먼 당신, 바로 그 모습이었다.

몇 년 전인가 창비 소설 공모에서 최종심에 한 번 오른 이후, 그곳은 별처럼 아득하고 먼 곳이 되어 있었다. 당장 꺼내보고 싶지만 꾹 참고 한 쪽에 밀어놓았다. 7월의 컨셉은 창비 독파도 아니고 소설쓰기도 아니다. 이렇게 편안하게 누리면서 리얼 다큐 일기나 성실하게 쓰는 것으로 이 달을 마감하려고 하는 것이다.

돼지고기를 듬뿍 넣은 김치찌개를 끓여놓고 다시 교회를 갔다. 수요일도 교회를 두 번 가는 날이지만 오늘처럼 연합 속회가 있는 금요일도 마찬가지이다. 금요 겟세마네 기도회는 너무도 매력적이다. 나를 완전히 홀리는 듯한, 끔찍하게 사랑하는 시간!

한 삼십여 분 일찍 예배당에 들어가 앉았다. 물론 앞자리다. 찬양팀들이 시디 올리고 베이스 드럼 두드리고 보통 시끄러운게 아닌데도 나는 그다지 방해받지 않고 묵상 할 수있었다. 특히 오늘 동생 가족들과 좋은 시간을 보낸 것에 대하여도 감사했다.

오늘 겟세마네 기도회는 저번 주에 이어 복음과 질병 치유 2탄이었다.

질병의 원인은 자연적인 것도 있고 유전적인 것도 있지만 죄로 비롯된 것도 있고 마음의 상처에서 오는 것도 있으며 드물지만 악한 영이 들리는 영적인 원인도 있다고 말씀하셨다. 오늘은 죄로 비롯된 병과 악한 영에 의한 질병에 대하여 말씀하셨다.

죄... 라고 말씀하시는 순간, 이런 느낌이 왔다. 내가 주장하는 취미생활(술, 담배)이 죄의 나락으로 떨어지지 않도록 조심하라! 한계를 분명하게 짓고 그 이상 과하면 죄가 되는 것을 인지하라! 내가 다스릴 수 있고, 분명하게 절제할 수 있고, 그렇게 나의 의지 안에 취미생활을 한다면 별 문제 없겠지만 요즘처럼 과다한 음주는 건강을 해치게 될 뿐만 아니라 까딱하다가는 죄의 길로 발을 들여놓을 수도 있다는 사실을 나는 인정했다.

목사님께서 들려주시는 이기는 방법

1. 예수의 이름으로(성경에 무수히 써 있는 대로)
2. 십자가 보혈의 공로로
   (나의 죄를 십자가 앞에 내려놓는다. 내가 죽는다.
   그리하면 죄도 죽는다)
3. 말씀으로

그리고 기가 막힌 보너스 말씀도 해 주셨다. 악, 소리 날
만큼 놀라운 말씀.

"마음에서 오는 병은 참 무섭습니다."

다음 주 겟세마네 기도회에는 질병의 원인 중 마음의 상
처, 용서하지 못하는 마음에서 오는 마음속의 쓴 뿌리에 대
하여 말씀하시겠다고 하셨다. 마음속의 쓴 뿌리, 라고 목사
님이 말씀하실 때 나는 전율을 느꼈다. 어제 친구와 비 오는
천변을 걸으면서, (그 때 말은 하지 않았지만 친구와 나는 울먹
이고 있었다) 나누었던 바로 그 쓴 뿌리에 대하여 목사님께서
또 다시 해답을 주신 것이다. 다음 주에는 친구와 같이 기도
회에 와야겠다! 마음에서 오는 병은 참으로 무섭습니다. 네,
맞아요, 목사님. 네, 맞아요, 하나님!

비는 여전히 내렸지만 나는 마음이 홀가분했다.

불현듯 나의 가슴으로 뛰어 들어온 말씀(그것은 목사님이 하신 말씀이 아니라 그냥 내 마음속의 성령이 알려주신 말씀이다) 을 꽉 붙잡고 집으로 왔다. 자정 가까운 늦은 시각이었지만 나는 피곤한 것조차 잊었다.

나를 깨우치는 그 말씀을 잊어버리기 전에 여기저기 써 놓았다.

이곳에도 써놓는다.

"취미가 죄의 나락으로 떨어지지 않도록 조심하라!"

나 는 어 디 로 가 나

Donde Voy

성경 묵상 사도행전 9장.

예수님을 만난 적이 없는 바울이 주님의 음성을 듣는 유
명한 장면이다.

그렇게도 똑똑한 바울에게 논리적이거나 이론적으로 다가오지 않고, 초자연적 계시로써 나타난 이유가 무엇일까. 베드로는 성령을 받자 슈퍼맨이 된다. 중풍병 환자를 고치고 죽은 도르가도 살려낸다. 감옥에서 풀려나고 환상을 본다. 초대교회 시절 성령의 역사는 대단히 구체적이며 직접적이다. 더 이상 의심할 수 없게끔 눈에 보이는 것이다.

지금 나는 그런 성령의 도우심을 받는가? 물론 그러하다. 몰랐던 예수님을 구주로 영접한 것도 성령의 도우심이요 사십년 가까이 교회에 다니는 것도 성령의 도우심이 아니면 무엇이란 말인가. 사울의 회심은 순간적이었지만 그렇게 사람마다 카이로스의 순간이 있을 것이다. 나에게도 그러한 때가 적지 않게 있었다.

사도행전에서 사도들의 행적을 보면 대단히 역동적이고 어찌 보면 무모하기까지 하다. 거칠 것이 없는 그들이 행동이 부럽다. 행동 우선의 서구적인 사고방식에서인지는 모르겠으나 어찌 보면 단순하게도 느껴진다. 깊이 있게 묵상하는 부분은 행간에 숨어져 있겠지만 사건, 사고 중심의 행전 기록을 겉으로만 훑게 되는 것을 경계한다. 회심 이후 즉각적인 행동의 반전, 그리고 죽을 때까지 그 열정을 버리지 않은 아름다운 믿음의 선배인 바울에게 감사했다.

순간의 변화는 누구에게나 일어난다. 설교를 듣고, 말씀을 보고, 찬양을 드리다가, 또 어느 순간 성령의 도우심으로 깨달음이 오지만 그 깨달음을 몇 시간 지속시키느냐, 삼일 지속시키느냐, 삼년인가, 평생인가는 자신의 끊임없는 노력과 기도 없이는 힘들 것 같다. 내가 좋아하는 단어, 변함 없음. 끝까지 끌고 가는 인내와 힘, 진정한 믿음은 바울을 보고 배울 점이 많다.

오랜만에 돈데보이를 들었다. 이전에는 몰랐는데 돈데보이(Donde Voy)는 나는 어디로 가나, 라는 뜻이라고 한다. 음악에 필 받은 김에 좋아하는 노래 계속 틀어놓고 김경재 교수의 『이름없는 하나님』 60여 페이지 정도 정독했다. 신중하게 읽지 않으면 이해하기 쉽지 않은 책이지만 너무도 매력적이다.

진지한 종교인이라면, 자기가 귀의하는 종교적 진리에 대한 '궁극적 관심'을 갖게 마련이라고 책 서두에 밝힌 저자는 꿀맛 같은 이야기를 솔솔 잘도 풀어냈다.

종교적 진리는 객관적이고 과학적인 진리라기보다는 인격적 또는 실존 체험적 진리이기 때문에, 종교적 진리는 그 사람에게 애정과 헌신이 동반되는 '열정'을 일으킨다...

다분히 신학적 실존의 절박한 문제에 스스로 응답하면서 동시에 한국 기독교인들에게 호소하고자 하는 충정을 지니고 이 책을 썼다고 밝힌 김교수는 일반 종교학자로서가 아니라 기독교 신학자로서, 목사로서, 그리고 그리스도인으로서 자신의 신앙 고백적 입장을 분명히 하려고 한다고 서두에 말했다.

나는 48쪽에 적혀있는 대로 〈종교 경전이란 개인과 집단에게 심원하고 결정적인 거룩 체험과 구원 체험과 진리 체험이 주어지고, 그것을 해당 시대 언어와 풍속과 학문 체계 속에 담아 이해한 대로 기록 전승된 것〉이라는 김 교수의 말에 동감하고 공감한다. 친구가 김 교수의 논문(무지하게 두껍다고 한다)도 구입했다고 하니 앞으로 즐거운 시간이 많이 생길 것 같다.

교회 역사 자료팀 원고를 펼쳐보았으나 어질어질하여 일단 덮어두었다. 프린트하면 꽤 많은 양이 될 것 같다. 교정을 빨리 보아야하는데 아직 마음이 가지 않는다. 뒤로 미루는 재주는 남달라서 8월 초에 집중하여 작업하기로 마음먹었다.

오후는 음악 감상으로 일관했다. 돈데보이를 듣던 시절이 기억나고 그에 맞추어 옛 노래 생각이 나서 옛날 가수들을 다 불러내어 샅샅이 들었다. 사람들이 옛 노래를 좋아하는 이유 중 하나는 그 노래를 들었을 당시의 추억을 되살리려하는 욕망도 내재되어 있는 것 같다. 그러니까 옛 노래는 추억을 부르는 초혼 같은 것이라고나 할까... 저 노래를 들었을 때 나는 무엇을 하고 있었지, 저 노래가 유행할 때 나는 무엇을 했었지, 이렇게 과거의 내 자신을 계속 되살리다 보니 오후 반나절은 과거 속으로 들어가 그 속에 폭 빠져 보냈다.

이른 저녁이었지만 지난 번 먹고 남은 삼겹살을 마저 구워먹었다. 삼겹살만 구워먹었으면 얼마나 좋았을까마는 삼겹살 = 안주,라는 등식이 강하게 작용하는 우리 집 생래적 특징으로 보아 도무지 그냥 지나칠 수가 없어서 또 다시 집에서 술판이 벌어졌다.

남편과 나는 이럴 때는 어찌 그리 쿵짝이 잘 맞는지 의기투합하여 다정하게 서로 술을 권하면서 책읽기와는 또 다른 묘미가 있는 즐거운 시간을 가졌다. 고기가 조금 모자라 결국 햄도 굽고, 김치도 굽고 냉장고 속에 있는 거의 모든 것을 꺼내 구워먹었다. 그것도 색다른 맛이었다.

어제까지의 반성모드는 왜 술 마시는 순간에는 생각조차 나지 않는지 모르겠다. 센치해져 카페에 무엇인가 주저리주저리 써서 올렸는데 확인을 클릭하는 순간 날아가 버렸다. 한 시간 넘게 쓴 글이 참 아까웠지만 쓸데없는 글이어서 날아갔겠거니, 하면서 스스로를 위로했다.

뭔가 미진한 듯한, 한 잔 더 하고 싶은 욕구에 시달리다 포기하고 내일 주일, 좀 더 말짱한 정신으로 맞이하기 위하여 평소보다 일찍 잠자리에 들었다.

천정에 붙어 있는 야광별을 보면서 '나는 어디로 가나'하는 생각을 잠시 했던가...? 술로 인한 업 된 가슴이 벌떡거리는 바람에 잠은 쉽게 들지 못했지만 누워 두서없는 생각의 꼬리를 밤새 붙잡고 다닌 것 같다.

하나님. 7월에 일기를 쓰려고 마음먹은 것은 좀 실수였던 거 같아요. 장마철이고 휴가철이니 마음이 풀어질 때잖아요. *)1월에 일기를 썼다면 조금은 바른생활 아줌마의 일기가 되었을 텐데요...

★) 이 일기를 쓴 몇 달 후 새해를 맞은 나는 1월 한 달 동안 이런류의 일기를 또 다시 1,000매 썼다. 내용은...비밀

구주의 귀한 인내를

깨달아 알게 하시고

영광 받으실 주님의 날!

오늘 소망 찬양대 찬양곡은 찬송가 편곡이다.

아주 곱고 아름다운 곡이었다.

이른 아침 찬양 연습을 하는데 문득 알전구 켜지듯 눈에 번쩍, 하는 가사가 있었다.

구주의 귀한 인내를 깨달아 알게 하시고

구주의 귀한 인내라.... 예수님의 귀한 인내를 우리로 하여금 깨달아 알게 하여달라는 뜻일까?

예수님은 무엇에 대하여 그토록 인내하셨을까? 여러 가지 있겠지만 같은 죄를 되풀이 짓는 사람들에 대하여 끝없는 연민을 가지셨던 것 같다. 가르치고 가르쳐도 동문서답하는 제자들에게도 인내하셨을 터이고, 끊임없이 책잡으려 최선(?)을 다하는 바리새인과 율법사 서기관 그리고 제사장들에게도 대단한 인내심으로 대하셨던 것 같다. 나에게 부족한 것 중의 하나가 바로 '인내'라는 것은 소싯적부터 알고 있었다.

찬양을 드리면서 이 가사를 마음에 담았다. 예수님의 그 귀한 인내를 알게 하셔서 그것을 배우게 하옵소서.

주일도 교회에 두 번 가는 날이다.

새벽 6시에 카풀로 교회 가서 열심히 성가연습하고, 7시 반에 시작하는 1부 예배를 드리고 집으로 오면 10시.

조금 쉬었다가 12시 반에 다시 집을 나서서 버스타고 전철타면서 교회를 가면 1시 50분 정도 된다. 2시 예배를 기다리면서 예배당에서 묵상하고 있는 시간은 참 귀하고 좋은 시간이다.

그러면 나는 일주일에 세 번 정도를 하루에 두 탕(?)씩 뛰는 셈인가?

오늘 새벽에는 남편이 일어나기 싫다고 하는 바람에 혼자 가서, 남편과 같이 다시 오후예배를 드리러 갔다. 비가 오락가락하는 가운데 버스, 전철을 갈아타려니 약간 짜증이 났다. 게다가 남편은 무엇 때문에 심사가 뒤틀렸는지 한 달에 한 번 모이는 남자속회에도 가기 싫다는 것이다. 생각 같아서는 오후예배를 포기하고 그냥 집으로 돌아오고 싶었지만 초인적인 인내심으로 버텼다. 계속 찬양을 부르면서, 얼굴은 울그락불그락한데 찬양을 드린다니 내가 생각해도 우습기 짝이 없는 일이었지만 어떻게 하겠는가, 그 상황에서. 나도 나를 잘 달래는 수밖에 없었으므로 계속 마음속으로 〈구주의 귀한 인내를 깨달아 알게 하시고〉를 무한대로 리와인드 시키면서 겨우겨우 교회에 갔다.

그래도 일단 예배당에 들어서면서 남편과 나의 마음이 동시에 조금씩 누그러지는 것을 느꼈다. 옆자리에 앉은 남편의 눈치를 보니, 찬양도 예전처럼 열심히 부르고, 큰소리로 테너 파트도 넣으면서 적극적으로 예배에 참여하고 있었다. 하지만 목사님께서 옆 사람과 인사하세요 주님의 이름으로 사랑합니다, 이렇게 손잡고 말해주세요, 라고 했을 때, 나는 억지로라도 남편에게 눈웃음치며 말해주었는데 남편은 입을 꼭 다물고 아무 말도 하지 않는 것이 아닌가. 아직은 삐쳐있다는 것을 만천하에 공개하고 싶어 하는 남편을 어떻게 구워 삶을 수도 없는 상황이어서 괘씸하지만 꾹 참고 예배드렸다. 예배 끝 무렵 다시 목사님께서 사랑합니다, 축복합니다, 라고 옆 사람과 말하라고 했을 때도 웅얼웅얼 하는 척만 하고 시치미를 떼는 남편을 어떻게 손을 봐줘야 할까!

예배 후에 밖에 나가니 엄청난 소나기가 시원스레 내리고 있었다. 문제는 우산 대신 선글라스를 가지고 왔다는 것. 하는 수없이 비가 그칠 때까지 지하 홀에서 조금 기다리기로 하였다. 오늘의 속 터지는 구색에 맞추느라 그런지 자판기도 고장이 나서 커피 한잔 못 마시는 가련한 상황인데 역사 자료팀 장로님과 팀원이 머리를 맞대고 앉아있는 모습이 보였다. 어물쩍 다가서니 모두 반색을 한다.

9월 비전 선포식 때 역사 자료팀에 미션이 또 하나 주어졌다고 했다. 에구. 엎친데 덮친격이라더니 엊그제 일 하나

주신 것도 시작도 못한 마당에 계속 일거리가 주어지고 있다. 나는 교수님이 보내주신 초고를 점검하고 각자 교정을 봐서 금요일 저녁 미팅 때 가져오기로 했다. 이번 주 휴가도 가야하고, 놀기도 해야 하는데 언제 1,000장을 교정봐야 할지 고민이 생겼다. 팀장이신 후배 장로님이 잘해보자고 할 때 그래도 "넵!"하는 목소리는 내가 제일 큰 것 같았다.

전철안에서도 남편과 티격태격했다.

"남자 속회 왜 안 간다는 건데?"

"가기 싫으니까."

"교회는 일 년 단위로 이루어진다는 거 모르시나? 찬양대도 한 번 한다고 했으면 어려운 일이 있어도 포기하지 말고 연말까지는 끌고 가야 하는데 겨우 몇 달 하고 도중하차하고, 남자 속회도 몇 번 잘 나가는가 싶더니만 오늘은 왜 그러서?"

"그럴 수도 있지, 뭘 그래?"

"그려~? 그럼 확실히 말해, 가면 간다, 안가면 안 간다. 나는 혼자서라도 갈 테니까."

가끔 남편이 저렇게 꼬장 피울 때는 남자속회인데도 여자인 나 혼자 참석한 적도 몇 번 있었다. 남편 대신 자리를 차지하고 앉아 헌금기도도 드리고 식당까지 따라 가서 실컷 먹고 와서 남편을 약 올리기도 했다. 가만 눈치를 보니 남편은 무지하게 고민하고 있는 듯 보였다. 간다고 하자니 자존심이 허락하질 않고, 그렇다고 안 간다고 하자니 어차피 마누라는 참석할 터이고, 그러면 그 후유증이 좀 길 것 같고….

하도 오래 동안 같이 살아서인지 가끔 나는 남편의 머릿속에도 놀고 있다고 생각될 때가 많다. 남편도 내 머릿속에서 놀 때도 많기는 매한가지겠지?

결국 남편이 손을 들었다. "…갈거야." 예수님 식으로 말한다면 진정한 승리자는 먼저 손을 내민 남편이다. 인정.

그렇게 해서 억지로 권사님 댁에 가서 남자 속회를 잘 드리고(이상하게도 남자속회인데 기도는 나를 시키는 경우가 왕왕 있는데 오늘도 그러했다), 유명하다는 국수집으로 모두 자리를 옮겨서 메밀국수, 잔치 국수, 비빔국수를 취향에 따라 골라 먹었다. 마침 국수집이 우리 집 반경 오백 미터 안에 있어서 가뿐한 마음으로 걸어서 집에 왔다. 아침은 매우 은혜로웠고 오후는 썰렁했지만 저녁은 다시 화기애애해진 것이 다행이라면 다행이었다.

그. 런. 데. 친구들로부터 번개 연락이 왔다. 내일 모레 일박 이일 여행을 위한 사전 점검 차 모인다는 것이다. 전화를 도청한 남편의 얼굴이 싸늘해지는 것을 나는 분명히 보았다. 이를 어쩐다...?

결국 완벽하게 화해되지 않은 미진한 상황이지만 다시 번개를 맞으러 가기로 했다. 매우 찜찜했지만 더 찜찜하신 남편이 계시므로 (야밤에 집을 나서는 주제였기에) 고개를 숙이고 미안한 제스처를 보여주었다.

"일찍 온나!"

"넵!"

대답은 커다랗게 했지만 밤 9시에 시작되는 번개가 대체 언제 끝날지는 하나님만 아시는 일일 터. 나는 마음속으로 시간에 대한 강박관념을 이미 털어버린 상태였다.

그리하여 버스 타고 택시 타고 달려간 번개 모임. 나까지 합쳐야 겨우 세 명이었지만 모인 인원이 적을수록 이야기의 심도는 매우 깊어진다는 사실. 각 일병씩 꿰차고 앉아 갱년기 여성에게 오는 여러 가지 증상 중의 하나를 집중적으로 거론하기를 무려 4시간! 이야기의 수렁에서 모두 다 깊이 빠져있는 그 때, 느닷없는 휴대폰 벨소리!

액정화면에 집에 있는 남편, 이라고 뜨는 순간, 제정신이 돌아온 나, 살짝 무서워하며 전화를 받았다. 인내심이 한계에 다다른 남편이 휴대폰 저쪽에서 소리를 버럭 질렀다.

"대체 지금 몇 시얏!!"

그제야 정신을 차리고 시간을 확인하니 밤 1시가 넘어가는 중이었다. 우리는 눈이 동그레져 그 자리에서 해산하고 죽자고 뛰어갔다. 총알택시, 역시 빠르기도 하여라. 상상할 수 없는 초고속으로 집으로 돌아온 나는 이부자리 끄트머리에 쪼그리고 누워 숨소리도 제대로 못 내면서 눈치만 살피다가 고요히 잠이 들었다.

반성! 내일 하루는 온전히 남편에게 바치리.

페
드
라

묵상.

> 기도의 열매는 우리의 삶이 좀 더 훌륭하게 되는 것입니다. 오늘, 성령의 열매가 당신을 아는 사람들에게 나타나도록 하십시오. 열매를 보는 것은 성령님을 보는 것과 같습니다...

아멘. 아침 다르고 점심 다르고 저녁 다르고 밤 다른 저를 좀 보살펴 주시기를 바랍니다. 분열된 자아를, 때마다 장소마다 확연하게 차이 나는 여러 가지 페르소나를 어떻게 해야 극복할 수 있을까요? (솔직하게 말씀드린다면 꼭 극복해야만 하는 것일까요, 를 묻고 싶습니다만.)

아침부터 계속 꼬였다. 직장에 간 아들의 긴급 전화 미션! 책상 위에 분명히 놔두었다는 중요한 쪽지를 찾느라 한 시간 동안 난리가 났다. 아무리 찾아도 없어서 낙심한 아들이 자신의 방에 손대지 말라는 계엄령이 떨어졌다. 남편이 아들 방 청소를 해준답시고, 물건을 이리저리 옮겨서 정작 찾을 수 없게 된 경우가 왕왕 있었기 때문이었다.

그 중요하다는 쪽지는 곤죽이 된 채 발견되었다. 때는 늦었다. 아들의 양복바지 뒷주머니에 있었던 그 쪽지는 세탁기에서 한 시간 여 동안 뺑뺑이를 당한 끝에 끈질기게 달라

붙고 글씨들이 엉겨있는 상태였다. 나는 너무도 서운하여 피아노 위에 얇게 펼쳐서 말렸지만, 도무지 글자를 해독할 수 없는 상황이었다. 오, 이런.

결국 아들은 온종일 했던 작업을 다시 해야 한다고 했다. 미안, 아들아. 앞으로는 엄마가 빨래를 해야 할 것 같다.

남편이 세탁기를 돌리는데(벌써 몇 년 되었지만) 주머니를 뒤지는 일을 잘 잊어버리는 바람에 종종 그런 일이 생겼다. 역시 남자는 아무리 우량 주부라고 하여도 여자 불량주부만도 못한 것이 여실히 증명되었다!

어제의 후유증에다가 잘해준다고 아들 방을 치워주었는데 야단(?)만 맞은 남편이 뿔났다!

우량주부, 완전 파업을 선언한 것이다. 설거지며 빨래, 청소, 그 모든 집안일에 대하여 손을 놓겠다고 큰소리를 치는데 그 기세가 대단했다. 그 덕택에 간만에 빨래 널고(그렇게 힘들 수가!), 설거지 하고, 마른 빨래 제자리에 정돈해서 넣어야했다. 작은 일들의 연속인 집안일에 치여, 책을 읽는데 집중이 되지 않아 작업 진도가 나가지 못했다. 남편의 파업에 흥, 하고 코웃음은 쳤지만 잔일 때문에 역사 자료팀 교수님 원고를 프린트조차 하지 못하고 어정쩡하게 오후의 시간을 보냈다. 이게 뭐람!

　내가 허둥지둥하는 모습을 거실 소파에 누워 지그시 바라보며 회심의 미소를 띠고 있는 남편이 너무도 야속했지만 파업 선언할 때, 그까짓 것 뭐가 그리 중요한 일이라고 큰소리 치느냐, 내가 쉬엄쉬엄 다 할 수 있다, 그렇게 큰소리쳤기 때문에 일 좀 도와달라고 말할 수 없는 상황이었다. 집안일이라는 것이 시간 잡아먹기에는 최고인 거 같다. 청결 유지, 정리정돈 유지, 이것만 해도 대단한 일이지 않던가.
　초봄에 개비한 청소기 작동법도 모르는 나로서는 매우 난감한 하루였다.

　짜증도 전염이 되는지 일의 진척이 더디어지자 나는 음악 듣기로 오늘 하루 컨셉을 바꾸고 저녁때까지도 우량주부 파업을 고수하고 있는 남편을 누그러뜨리기 위하여 닭백숙을, 그리고 아침 쪽지 분실 사건으로 기분 상했을 아들을 위하여 매콤한 닭볶음을 만들어 놓았다. 두 남자 모두 입이 헤 벌어져서 과거를 더 이상 묻지 않으시고 맛나게 드셨다. 나는 닭백숙 드시는 남편 옆에 붙어 앉아 술 한 병씩 나누어 마셨다. (나는 오늘 상황은 어쩔 수 없는, 정말 불가피한 상황이라고 변명한다. 대화 진척이 없을 때는 술이 최고라는 것을 아는 이상, 실행에 옮길 수밖에 없다는 말씀. 하지만 나도 안다. 좀 부끄러운 변명이라는 것을.)

오후의 계획으로는 늦은 밤에 천변을 두 바퀴 왕복할 예정(거의 십 킬로)이었으나, 결국 산책 겸 운동은커녕 일주일 내내 이틀에 한 번 꼴로 (그토록 성실하게!) 술판을 벌인 것이 되어 버렸다.

이를 어찌할까. 분명 내일 아침이 되면 또 왼쪽 눈동자에 핏줄이 터져있을 터인데...

하나님~

7월은 덥기도 하고, 마음이 매우 해이해지는 휴가기간이기도 하니 이 나태한 나의 영혼과 '오호라 곤고한 사람이로다'를 아침마다 외치는 저를 있는 그대로 좀 봐주시면 안되겠습니까? 안된다고요? 아이고.....

휴가 가는 날 아침이므로 더욱 진지하게 묵상하기로 했다.

> 주님을 잠에서 깨어나게 하는 것은 폭풍의 포효가 아니라 자녀들이 두려워 외치는 소리입니다. 그럴 때에 주님은 폭풍을 꾸짖으십니다

하나님. 지금 제가 두려워 외칩니다. 이번 7월은 아주 꽝인 거 아시지요? 대체 어쩌다가 이렇게 되었는지 모르지만 나의 의지가 약해지지 않도록 도와주시고, 이번 휴가 때 얌전하게 앉아 별 다른 말썽 없이 무난하게 보내게 되기를 바랍니다.

오래된 친구들과 한 여름에 일박이일로 자유여행을 떠난 지 칠, 팔 년은 되어가는 것 같다. 남편과 자식과 집을 떠나 오로지 친구들과 자유롭게 일박 이일을 보낼 수 있다는 사실만으로도 충분히 행복한 시간이었다. 우리에게 좋은 경치가 굳이 필요한 것도 아니었고 좋은 잠자리와 쾌적한 환경이 필요충분조건도 아니었다. 다만 우리는 편하게 주저앉아서 누구의 방해도 받지 않고 먹고 마시고 이야기하고 싶을 뿐이었다.

이번 휴가의 컨셉은 어디에 가든 퍼질러 앉아서 죽도록 이야기하는 것이다. 밤 1시네, 밤 2시네 하는 시간의 카운

트를 세는 사람도 없을 테니 얼마나 좋을까. 나이를 먹으면서 간절한 소원 중의 하나가 어딘가 놀러갈 때 각자의 남편으로부터 "시간 구애받지 말고 원 없이 놀다 오시게. 집과 자식들은 내가 책임지고 지켜주마!" 하는 속 넓고 아량 깊은 다정한 소리를 듣고 싶어 한다는 것을 과연 남편들은 모르는 것일까?

어쨌든(하하) 우리는 만났고, 일단 모여서 커피 한 잔씩 때렸고, 동네 대형 마트로 몰려가 술, 안주, 스낵, 과일 등등을 각자 취향대로 골라 카트에 듬뿍 담았고, 에어컨 빵빵하게 틀어놓은 친구의 차에 올라탔고, 우리 집에서 기껏해야 40킬로쯤 떨어진 어느 레저타운으로 향했다. 휴가지와의 거리가 불과 한 시간 남짓한, 가장 짧은 거리를 기록하면서 도착했다. 그래도 너무 좋아하는 친구들!

한 이십 평정도 될까, 제법 큰 방에 큼직한 욕실이 구비되어 있고, 한 발짝 크게 뛰면 바로 물속으로 들어갈 수 있는, 아주 좋은 위치에 자리한 방갈로였다.

2시에 도착하여, 몸이 잰 친구 하나가 걸레 들고 깨끗하게 바닥을 닦아 집들이 준비를 마치고 엎어지고, 눕고, 앉아서 쉬기를 한 시간. 아무런 할 일이 없는 친구들은 물놀이

하는 창밖의 모습만 바라보았다. 시계가 세 시를 지나려 할 때, 제일 못 참은 내가 소리쳤다.

"나는 이제 시작하련다."

친구들이 지켜보는 가운데 나는 자못 신중한 표정으로 술을 따르기 시작했다. 내일까지 잘 견디려면 절도 있는 주도(酒道)가 필요했다. 육포를 꺼내고, 이어 떡도 꺼내고 (떡이 안주라는 사실은 주당인 친구 남편으로 전수받은 산지식이다), 족발, 오징어, 땅콩도 꺼냈다. 냉장고의 유무를 알 수 없었던 우리들은 최대한의 머리를 짜서 냉장고가 없어도 상관없을 안주류만 골라왔다.

한 잔을 십 분 이상 질질 끌면서 마시고, 그러면서 마일드 세븐을 적절한 때에 배합하면서 나는 주초잡기 일 단계에 접어들었다. 친구들은 나만큼은 술을 즐겨하지 않으므로 내가 너무 쓸쓸해하지 않을 정도로만 마시면서 술자리의 비위를 잘 맞춰주고 있었다.

결론적으로 말한다면 그 술자리는 밤을 꼴딱 새우고(소설가가 소설 쓰면서 밤을 새워본 적은 드물고 술 마시면서 밤을 샌 적은 그보다 많으니 이를 어쩐담?) 다음날 아침 7시까지 조금의 휴식시간도 없이 계속되었던 것이다.

점심 대신 술로 채운 우리들은 밤 10시가 다 되어서야 레저타운 안에 있는 초호화판 레스토랑으로 진출하였다. 등갈

비 찜에 다시 술 한 병을 비웠다. 밤새도록 영양가 없이 술만 마신 것은 아니다. 상처 많은 친구 하나를 붙들고, 그녀를 사로잡고 있는 (사탄이 꽉 붙들고 있는) 쓸데없는 죄의식에 대하여 자분자분 설명해주고, 숙제도 주고, 8월 한 달은 어떻게 새롭게 살아야할지 진심 어린 어드바이스도 해주었던 것이다. 취해서 하는 설교는 설교가 아니라고? 나는 그 말에 동조할 수 없다. 진심에 우러나는 말은 그럴 때 더 잘 통하게 마련이다.

두꺼운 커튼에서도 아침이 밝아오는 기미를 느낄 수 있었다. 29일과 30일은 그렇게 찰싹 달라붙어서 나에게로 왔다. 창문을 여니 비가 오고 있었다. 마음이 착 가라앉는 기분이었다. 거울을 보니 역시! 눈에 핏줄이 터져 드라큘라 비슷한 몰골이다.

끙끙 앓으면서 10시에 짐 싸들고 레저 타운 안 식당을 찾았다. 빗줄기는 폭포수처럼 거셌다. 비 오는 정경을 바라보면서 친구들은 미역국을, 나는 전복죽을 먹었다. 해장에 어울리지 않지만 일단 술술 넘어가니 살 것 같았다. 생각 같아서는 식당 바닥에라도 드러누워 그대로 잠들고 싶은데 친구들이 억지로 사우나로 끌고 간다.

레저 타운 안에 시설 좋은 사우나가 있었다. 노천 폭포에서 수압 높은 물줄기를 맞았다. 늘 뭉쳐있는 어깨 근육이 좀 풀어지는 느낌이었다. 글은 제대로 쓰지도 못하면서 왜 어깨 근육이 늘 뭉쳐있는지 알다가도 모를 일이었다. 뜨거운 물에 몸을 담그니 거짓말처럼 두통도 사라지고 몸의 피곤이 풀리는 것을 느꼈다.

밤새도록 혹사당했던 몸이 깨끗하게 씻겨지는 것을 보니 마음도 깨끗해지는 듯 했다.

"이게 바로 중생이라는 것이다. 회개들 했지?"

나는 친구들을 놀렸고, 친구들은 나를 놀린다.

"죄 씻음을 받았으니 이제부터는 새롭게 잘 살아라~"

사우나 끝나고 마시는 자판기 커피의 맛을 어디에다 비할 것인가! 술은 그렇게 잘 챙겨오면서 일회용 커피 하나도 준비해오지 않았던 우리들은 로비에서 마시는 커피 한 잔에 완벽한 기쁨을 맛보았다. 역시 즐거운 일박 이일이었어~

나를 데려다주고 떠나는 친구들에게 『시크릿』과 이재철의 『인간의 일생』을 빌려주었다. 책을 통하여 하나님께 대한 단단한 믿음으로 다시 잘 서게 되기를 기도하면서 말이다.

집에 오자마자 네 시간 넘게 푹 잠을 잤다. 밤을 새웠다는 나의 말에 남편이 혀를 끌끌 찼다.

"나이도 생각하지 않고…"

밤을 새우면서 놀 나이가 따로 있느냐, 하면서 마음속으로 반항했다. 모처럼 꿈도 꾸지 않고 깊은 잠을 잤다.

일어나서 뒤늦게 묵상. 묵상의 연장으로 바람 부는 천변을 산책했다.

한 바퀴 돌고 집으로 왔는데 뭔가 미진한 기분이 들어 다시 나가서 천변을 돌았다. 집에 오니 자정이 넘어있었다. 거니는 사람들이 많은 초저녁에는 걷기조차 힘들 정도였는데 밤 10시가 넘어가자 좀 고즈넉해지고 비로소 묵상할 환경이 되는 것 같았다. 어둠 속의 물소리는 또 얼마나 아름다운지! 나는 곰곰이 한 달을 더듬어 보았다.

한 달을 마무리해야 하는데 생각 밖의 일들이 많이 일어났다. 진솔하게 일기를 쓰려고 했는데 어찌된 일인지 예전에 비할 수 없을 만큼 술자리가 많았던 것도 나에게는 불가사의한 일이었다. 좀 더 신실하고 경건한 모습을 보여주고 싶었는데 줄곧 나의 예상과 다른 일이 생기니 정말 이상했다.

내일 역사 자료팀 미팅에 가져가야할 미션이 아직 미완인 채로 남아있다. 1,000매 원고 교정을 보아야하는데 프린트조차 하지 않은 상태인 것이다. 내일 시간을 정해놓고 집중 작업해야 할 것이다.

8월에는 좀 더 경건의 생활로 몰입하고 싶은 것이 솔직한 심정이다. 8월을 기대한다. 내일 7월의 마무리를 확실하게 하자!

"나는 기독교가 구라래도 좋습니다."

내 말이 아니고
내가 이 세상의 목사님 중에서 가장 좋아하는,
그리고 어마무시 존경하는 박영선 목사님의 말씀이다.
이 불경스럽기 짝이 없어 보이는 말씀이
나를 소생시켰다.

어제 이 말씀을 듣고
내 마음이 진정으로 평안해졌다.
그래서 나도 마음속으로 말한다.
"나도... 기독교가 구라래도 좋습니다."

31
일

비
참
한

결
산

하
지
만

!

너무 늦게 일어나는 바람에 산책 먼저 하기로 했다.

하늘을 보니 그다지 흐린 것 같지 않아서 - 일기예보에

서도 오후 늦게 소나기가 온다고 했으므로 - 선글라스 끼고

99곡이 장전되어 있는 휴대폰 내장 음악을 랜덤으로 들으면서 꿈속 같이 기분 좋은 천변을 걸었다.

오전 7시 즈음의 천변은 싱그럽고, 그리고 무한대로 아름답다. 풀 섶을 보면서 그 속에 숨겨져 있는 그네들의 언어를 찾아내야 할 의무감을 느꼈다. 풀과 나무와 물, 하늘, 그리고 따스한 흙에 대하여.

나는 자연의 깊은 맛을 알지 못한다. 완전 서울내기이기 때문에 마음이 매우 건조하다는 것을 절감할 때가 많다. 하지만 요즘 들어 천변을 걸으면서 새삼 자연이 주는 자연스러움에 대하여 경탄하게 되었다.

이른 아침이 마주치는 사람들의 표정은 제일 활기차 보인다. 건전한 인간 같으니라구! 열심히 살려고 노력하고, 될 수 있으면 하루를 성실하게 보내려고 노력하는 착한 결심이 얼굴에 대롱대롱 달려있는 것이 보인다.

천변을 겨우 터닝 포인트 했는데 갑자기 날이 어두워지더니 비가 쏟아진다. 나는 얼른 선글라스를 벗고 심호흡을 깊게 했다. 비를 맞을 수 있는 절호의 기회가 드디어 온 것이다. 나는 굵은 빗줄기를 맞으면서 될 수 있으면 천천히 발걸음을 옮기려고 노력했다. 머리카락이 이내 축축하게 젖고 옷에도 빗줄기가 스며들어 무거워졌다. 조깅하던 몇 사람이 앞으로 뒤로 분주하게 뛰어가고 있다. 뚝 뚝, 앞머리에서 빗물이 흘러내렸다.

이게 바로 미친 사람이라고 손가락질 받지 않고 비를 맞을 수 있는 유일한 방법이므로, 그리고 이런 기회 정말 흔치 않으므로 나는 더욱 보폭을 좁혀 기어가다시피 하면서 천천히 걸어갔다. 이번 주에도 비가 많이 오신다고 하니, 일부러 우산을 들고 나가지 말자.

비를 흠뻑 뒤집어쓰고, 100주년사 원고 1, 2가 나를 기다리는 집으로 돌아왔다. 나이를 아무리 많이 먹어도 숙제는 하기 싫은 법이다. 한참이나 마리서원(내가 얘기 한 적있는, 글 쓰고 책 읽고 피아노치고, 하여튼 모든 것을 할 수 있는 나의 서재)에 들어가지 않고 딴 짓하다가 겨우 마음잡고 들어갔다.

뒤늦은 묵상, 기도, 성경.

시몬아, 시몬아, 보라 사단이 밀 까부르듯 하려고 너희를 청구하였으나 그러나 내가 너를 위하여 네 믿음이 떨어지지 않기를 기도하였노니...

세 번 부인할 예정(?)인 베드로에게 하신 예수님 말씀이었다.

이 말씀이 7월의 결론인 것 같다. 예수님께서 '사단이 청구한 나'를 위하여 믿음이 떨어지지 않게 기도해 주셨다는 것을 알게 해주시려는 것이 아닌가!

비록 7월 한 달 동안 거의 이틀에 한 번 꼴로 음주가무를 즐겼지만, 예수님의 기도 덕택으로 지금까지 별 사고 없이, 감사하게도, 7월을 마무리 할 수 있게 하여 주신 것에 대하여 무한한 감사를 드렸다!

당신이 간밤에 잠을 자는 동안에도 그리스도께서는 당신을 위하여 기도하셨습니다.

아멘, 주여, 감사합니다.

내가 비록 아침에 주님을 만나고 저녁에는 또 다른 주님을 만났지만 저녁의 주님을 만나는 순간에도 주님은 나와 함께 해 주셨다는 것을 확신합니다. 나의 호흡 속에, 나의 주변에, 나의 모든 것에 예수님의 말씀이 녹아 있어서 로고스로 나를 일깨우시고 가르침을 주시는 순간들을 나는 체험하였습니다. 감사하신 예수님!

100년사 초고를 프린트 했다. 매우 많다. 이것을 제대로 교정보려면 일단 배가 든든해야 할 것 같았다. 사람이 나이를 먹으면 뱃심으로 산다지 않던가! 이리하여 착실하게 식사를 마치고 다시 책상 앞에 좌정했다.

커피 한 잔 마시면서 작업을 위한 베이스 음악 깔기로 샹송, 칸소네, 정경화 바이올린 소품집, 베토벤 현악 4중주, 듣고 싶은 올드 팝 40 등등을 이어듣기 실행하는데 겨우 이십분이 채 안되어 무산되고 말았다. 청평에 가서 장어 먹자는 친구의 전화가 온 것이다! 청평까지 가서! 너무 고마웠다. 여름마다 보양식 사주는 친구부부.

하지만 지금은 휴가의 피크인데 오후에 청평까지 기어가려면(물론 친구의 차로 가는 것이지만) 필경 내일 새벽은 되어야 잘 구운 장어 맛을 볼 수 있을 것이라고 친구 부부를 회유하여 동네 탕집(수육을 아주 잘하는)으로 낙찰시켰다. 그리하여 친구 부부와 시퍼렇게 물결치는 논이 이 미터 전방에 있고 풀숲이 우거진 야외 평상에 걸터앉아 열심히 들기름과 들깨가루를 비비면서 수육 먹기에 최선을 다했다. 하지만 마지막까지 유혹은 계속되었다. 집 앞 선술집에서 만나자는 문우들의 번개 문자가 온 것이다.

친구 부부와 즐거운 시간을 보내고 집으로 온 남편은 모처럼 과음으로 기절 직전이다.

시체 수준인 남편에게 아양을 떨었다.

"여보, 지금 집 앞에서 나를 만나자고 한 무리가 모였다네."

(눈을 게슴츠레 뜬 남편, 술 마시면 더할 나위 없이 관대해지는 남편) : "그래? 그럼 얼른 가야지."

나는 시계를 보았다. 밤 9시 반. 매우 바람직한 시간이다. 자정까지 놀면 되겠네.

집에서 오 분 거리에 있는 우리의 단골 선술집으로 향하면서 아주 잠깐 반성했다. 결국 7월의 마지막을 술자리에서 마감하게 되는구나... 하지만 나의 발걸음은 날아갈 듯이 - 술 한 잔 했으므로 기분이 업 되어 더욱 신나게 - 선술집으로 뛰어 들어갔다. 그곳에는 시인 두 사람, 동화작가 한 사람, 장래가 촉망되는 소설가 한 사람, 그리고 엽편 소설가이자 타로점을 쳐주는 무녀(물론 우리끼리 통용되는 별명이다)가 모여 무아지경을 누리고 있었다. 반갑게 하이파이브하고 계속 진행된 술자리는 결국 12시 반이 넘어서야 끝이 났다.

시에 대하여, 산문에 대하여, 소설에 대하여, 작금의 문학에 대하여, 서로의 영혼에 가시처럼 박혀있는 문학의 열정에 대하여 눈을 반짝이며 술잔을 나누다보니 시간은 화살처럼 쏜살같이 날아가 버렸던 것이다.

헤어지기 전에 허그. 우리는 서로의 영혼을 사랑하고, 살아갈만한 이 세상을 사랑하고, 가슴에 독처럼 박혀있는 우리의 결핍을 사랑한다, 고 서로에게 말해주었다.

집에 와서 휴대폰의 알람을 다시 맞추었다. 내일은 8월 1일, 새벽에 교회에서 초하루기도회가 있는 날이므로 4시로 시간을 변경한 것이다. 그러면서 생각한다. 설마, 8월도 마음대로 퍼져 산, 7월 같을까... 내일 밤 겟세마네 기도회도 기대한다. 질병과 치유의 역사 3탄 - 마음의 쓴 뿌리를 제거하라 - 에서 왕창 은혜를 받으면 이제 나는 좀 더 자유로워질 것이다. 나는 엊그제 은혜 받은, 나에게 주신 말씀을 다시금 가슴에 새겼다. 그렇게 8월을 맞이했다.

8월 1일 묵상

오직 성령의 열매는.... 절제니
          [갈라디아서 5:22~23]

허걱, 하나님이 또 나에게 확인사살을!

> 절제와 자기 부인을 실천하며 살아야만 기도를 드릴 마음과 힘이 생깁니다. 아무리 당연한 것일지라도 자발적으로 그것을 절제하지 못하면 능력 있는 기도를 드릴 수 없습니다.

명심하겠습니다, 아멘!

기도할 내용:

누구나 하늘을 향해 작은 화살 같은 기도들을 쏘아 올릴 수가 있습니다. 그러나 믿음의 기도를 드리려면 자아가 죽어야 합니다. 그것이 우리에게 당연한 일일지라도, 그것을 스스로 절제해야 합니다. ...

첫 소득을 주님께 드리듯, 먼저 기도를 하고 나서 시간이 남으면 여가 생활을 하시기 바랍니다.(이것은 제가 확실하게 잘 지키는 거 하나님 아시죠?)

고상하고 심지어 유익하게 보이는 일들이 기도 시간을 내는 데 장애가 되는 경우가 많습니다.

좋은 것이 항상 최선의 것에 원수가 되기 마련입니다.

초하루 기도회를 다녀와 8월 1일 오후가 된 지금, 나는 저녁의 겟세마네 기도회를 열망한다. 그곳에서 나는 언제나처럼 하나님을 만나고 하나님의 음성을 들으면서 잘못 진행되는 나의 삶의 방향을 새롭게 조정할 것이다. 7월이 비록 비참한 결산이지만, 하지만 '하나님의 자녀가 드린 기도가 하나님의 귀에 들어가지 않는 일이란 없다'는 말씀에 의지한다.

오늘도 그리고 내일도, 나의 기도가 하나님의 귀에 들어가서, 그래서 나의 최후의 날까지 부디 아름답게 누릴 수 있도록 성령님이 함께 하시기를 원하고 어떠한 상황이라도 성령님이 내 안에 동행하고 계시다는 것을 '감히' 믿는다.

오래된 기도

– 이문재

가만히 눈을 감기만 해도
기도하는 것이다
왼손으로 오른손을 감싸기만 해도
그렇게 맞잡은 두 손을 가슴 앞에 모으기만 해도
노을이 질때 걸음을 멈추기만 해도
기도 하는 것이다.
…중략
기도하는 것이다
고개 들어 하늘을 우러르며
숨을 천천히 들이 마시기만 해도

그래도 나는 교회간다

내가

행복했던 곳으로 가주세요

아시는 분은 아시겠지만 이 책의 제목은 시인 박지웅의 시 「택시」를 패러디했다. 겨우 단 두 줄에 불과한 시를 처음 접했을 때의 충격적인 감동을 잊지 못한다. 시를 읽으며 내가 행복했던 곳은 어디였을까 곰곰 생각하니 그곳은 바로 우리 교회였다.

내가 즐겨보는 유튜브 중에 정년퇴직한 역사학자가 기독교에 대하여 깊게 성찰한 영상이 있다. 그 영상을 보며 생각했다. 일평생 믿은 예수를 정리하는 저 교수님처럼 나도 교회 생활을 정리해 보고 싶다고. 수십 년 다닌 우리 교회에 사랑의 빚을 갚고 싶은 마음도 있었다. 좀 더 많은 준비와 기도를 하고 책을 내고 싶었지만 삶은 늘 예기치 않은 방향으로 흘러간다. 많은 원고들 중 유독 이 원고에 마음이 가는 것이었다. 내가 행복했던 교회로 다시 가보고 싶었다. 그래서 예배의 감격과 기쁨을 다시 맛보고 싶었다. 다시 읽으며 가슴이 뜨거워졌다. 아, 그때 그렇게도 교회를 사랑했구나, 그렇게도 교회 가는 것을 좋아했구나, 엎어지고 쓰러지는 상황에서 하나님을 붙들려고 그렇게 애를 썼구나...

7월의 일기를 쓰고도 모자라 6개월 후인 다음 해 1월에 또 한 달 일기를 썼다. 실패의 기록만 남기기에는 하나님께 너무 죄송했던 것이다. 그렇게 해서 원고지 1,000매 가까운 한 달 일기가 나의 서랍에 보관되어 있다. 그 글이 언제 세상에 나올지, 아니면 영원히 서랍 안에서 잠자게 될지는 하나님만 아신다.

지금 나의 마음은 슬프다. 이제 다시는 '행복했던 교회'로 돌아갈 수 없기 때문이다.

교회에서 드리는 예배만 최고이고 교회에서 충성을 해야만 하나님 나라의 의를 구하는 것이고, 먼저 그의 나라와 의를 구하는 것이 바로 교회에 죽자고 나와서 시간 바치고 물질 바치고 그야말로 영끌하여 하나님 섬기는 것이라고 아무리 설교해도 이제 아멘으로 화답하지는 않는다.

어쩌면 이 책은 교회가 펄펄 살아있고 믿음도 펄펄 살아있고 교인들도 펄펄 살아있던 시절의 역사기록물이 될지도 모르겠다. 그러면서 또 한편 생각한다. 왜 교회에서는 그토록 많은 날을 교회에 나오라고 했을까. 나는 왜 그동안 '삶이 곧 예배'라는 말을 들을 수 없었나. 교회의 프로그램은 교인들을 위하여 있는 게 맞나? 교인들의 개인적인 삶은 완전 무시하고 그렇게까지 교회로 불러들이면서 그것이 바로 하나님을 사랑하는 방법이라고 말씀하신 것이 맞나? 〈먼저 그의 나라와 의를 구하라〉를 교회에 충성 봉사라는 의미로 해석해 준 것이 예수님이 하신 말씀의 진정한 뜻인가?

지금은 내가 믿는 하나님이 교회 안에만 계시다고 생각하지 않는다. 어느 땐 내가 믿는 하나님은 이런 말도 안 되는 행태를 부리는 교회에는 절대 계실 리가 없다고 생각할 때도 있다. 어디서부터 잘못되었는지 나는 모르겠다. 아직도 교회 다니니? 이것은 농담이 아니다.

어느 땐 목사님들께 묻고 싶다. 정말 하나님 믿으세요? 어느 땐 목사님들께 전도하고 싶다. 제발 예수님 좀 믿으세요.

교회에 분란이 있을 때 목사님만 예수님 편에 서면 상처 없이 해결되는 일(물론 해결되지 않았다) 들을 몇 번 겪다 보니 내 영혼도 빈들에 마른 풀처럼 시들어져 가는 모양이다. 믿음 보충제는 교회밖에도 많다. 책도 있고 강의도 있고 신실한 교제도 있고 유튜브도 넘쳐난다. 나는 용두동교회 교인이기도 하지만, 독일에 계신 신학자가 만든 온라인 교회 교인이기도 하며 주일에는 서너 교회의 예배를 찾아서 함께 한다.

교회 밖에도 구원이 있나? 가 아니라 교회 안에도 구원이 있나? 로, 교회 밖에도 하나님이 계시는데 교회 안에도 하나님이 계시기는 한 건가? 이런 생각을 나만 하는 것은 아닌 것 같다. 『예수 없는 예수 교회』라는 책도 있으니.

그래도 나는 교회 간다.

이전처럼 일주일에 세 번, 하루에 두 번 세 번 교회를 가지 않지만. 교회에 가지 않는다고 해서 양심의 가책을 받지도 않지만 교회를 떠날 생각은 없다. 여전히 제기역 1번 출구는 나에게 감격을 준다. 그 계단을 오르면 내가 행복했던 시간이 오롯이 떠오른다. 교회의 붉은 벽돌 예배당 앞에 서면 여전히 미소가 지어진다. 반가운 분들과 허그도 하고 손도 잡고 인사를 나누면 그 자체로 행복하다. 그분들은 늘 그 자리에 계시다. 그 변함없는 믿음과 사랑에 감복한다.

이 책 속의 어느 해 7월은 실패했지만 아름다운 시간이었다. 하지만, 내가 교회에 최선을 다했던 그 시절, 하루에도 몇 번씩 교회를 오가느라 남편과 아들에게 제대로 해주지 못한 것은 두고두고 가슴 아프다. 내가 교회 가느라 비어 있는 집에서 가족들이 견디었을 그 쓸쓸함을 어떻게 내가 보상하여야 할까. 신앙생활에 지혜가 많이 부족했다는 생각이다. 진짜 거두어야 하고 사랑해야 하고 잘 보살펴주어야 할 가족에게 그때의 나를 용서해달라고, 진심으로 미안하다고 말하고 싶다.

언제인가 이런 푸념을 늘어놓으니 어느 목사님이 이렇게 위로했다.

"그래도 하나님을 사랑하는 마음이었으니 하나님은 그것을 기억하실 것이고 그리고 가족들도 그 마음은 이해해주실 겁니다. 그렇게 열심히 교회에 다녔으니 이런 글도 쓸 수 있는 겁니다."

그 위로가 죄책감에서 나를 다시 일으켜 세웠다. 그때 내가 교회에 쏟았던 사랑을 지금은 나의 가장 가까운 이웃에게 쏟고 있다. 네 이웃을 네 몸같이 사랑하라고 하신 예수님 말씀을 꼭 붙잡고. 나의 가장 가까운 이웃은 나의 남편이다. 교회에 갔던 수많은 시간, 나를 기다려주셔서 감사합니다. 앞으로도 잘할게요.

알쓸신잡 같은 소소한 후일담.

15쪽. 새로 부임하셔서서 열과 성을 다하셨던 목사님은 몇 년 후 다른 교회로 가셨다.

22쪽. 입신 잘하던 개는 몇 년 후 늙고 아파서 죽었다. (늘 기도에 동참했으니 천국에 갔다고 확신한다)

40쪽. 철원기도원은 며칠 전 홈피를 확인한 바, 문을 닫은 것으로 보인다. (기가 막히게 아름답고 거대한 대성전까지 완공했는데 너무 안타깝다. 그 기도원에서 받은 은혜를 잊지 못한다. 기도원을 섬기던 장로님 부부는 내가 정말 존경하는 분들이다.)

68쪽. 우리 부부를 위하여 카풀 봉사를 했던 고마운 친구(내가 우리 교회로 전도했다. 이것은 나의 소소한 자랑이다)는 권사가 되었다.

77쪽. 난소암 말기로 투병 중이었던 친구는 몇 년 후 천국으로 갔다.

152쪽. 그렇게나 열심히 들락거렸던 그 단골 주점은 발길을 끊어, 이제 기억조차 가물거린다.

    (그때 그렇게나 열심히 번개를 때리고 그렇게나 열심히 만났던 문우들을 언제 만났는지 그 기억도 아득하다. 다, 때가 있는 모양이다.)

164쪽. 속초 선생님은 아내 권사님이 많이 편찮아지셔서 십 년 넘게 간병 중이시다. (쓰자고 들자면 책 한 권은 나오겠지만 그냥 짧게 언급만 하고 싶다. 마음이 슬퍼져서)

176쪽. 한국이라도 한 바퀴 돌면 좋겠다고 했으나 그 후 한국소설가협회 세미나에 참석하면서 국내 유수 관광지는 얼추 돌았고, 그 후 그리스 터키 성지 순례를 위시하여 캐나다 미국 베트남 대만 일본 등 여행도 곧잘 다녔고 미얀마 선교는 4번이나 다녀왔다. (차상위가 이렇게 여행을 잘 다니다니 말도 안 돼!)

188쪽. 나의 블로그에는 이 글을 위시해서 무려 6,000 여개의 글이 있다. 그분인가, 또 다른 블로그에는 1,500여 개의 글이 있다. 쓸데없는 하소연이 반이 넘는다.

    그리고 살짝 부언한다면, 책 전반에 걸쳐 나의 심령을 괴롭힌 '얼어 죽을' 술은 저절로 멀어지는 바람에(어느 순간부터 술빨이 전혀 땡기지 않게 되어 버렸다) 한 달에 한두 번 제주에일 한 캔으로 행복 충만이 되고, 담배는 두 달 후면 금연 10년째가 된다. 또 언젠가 다시 가방 속에 지포 라이터를 넣고 다닐지는 모르지만(가끔 그렇게 되기를 기대하기도 한다).

    이 에필로그를 쓰는 날은 일산에 있는 국립 암센터에 다녀온 길이다. 암 발병 5년이 지난 작년부터 1년에 한 번씩 검진과 진료를 받는데 오늘 검사 결과를 보고 왔다. 늘 마음이 조마조마한데 '내년에 봅시다'는 주치의가 주님처럼 보였다. 여러분들 아프지 마세요.

내가 행복했던 교회로 가주세요

2021년 11월 30일 초판 1쇄 펴냄

지은이 이숙경
표지 이지명
디자인 노일래
펴낸이 윤상훈
펴낸곳 엠오디
주소 서울 강남구 강남대로106길 17
전화 02-333-4266
전자우편 mod@modgraphics.co.kr
홈페이 www.modgraphics.co.kr
출판등록 2002년 3월 14일 제 2020-000078호

ISBN 979-11-970302-4-6